Hartmut Fiebig
Frieder Winterberg

Wir werden eine Klassengemeinschaft

Soziales Lernen in der Orientierungsstufe

Verlag an der Ruhr

Impressum

Titel Wir werden eine Klassengemeinschaft.
Soziales Lernen in der Orientierungsstufe

Autoren Hartmut Fiebig, Frieder Winterberg

Druck Uwe Nolte, Iserlohn

Verlag Verlag an der Ruhr,
Postfach 10 22 51,
45422 Mülheim an der Ruhr,
Tel.: 0208 / 49 50 40
Fax: 0208 / 495 0 495
e-mail: info@verlagruhr.de

ISBN 3-86072-388-X

Die Schreibweise der Texte
folgt der reformierten Rechtschreibung.

Ein weiterer Beitrag zum Umweltschutz:

Das Papier, auf dem dieser Titel gedruckt ist, hat ca. ***50% Altpapieranteil****, der Rest sind* ***chlorfrei*** *gebleichte Primärfasern.*

Die Autoren

Hartmut Fiebig
Jahrgang 1954, seit 1985 Lehrer an der Theodor-Heuss-Realschule in Wülfrath, unterrichtet die Fächer Mathematik und Biologie, seit 1985 Beratungslehrer für Suchtvorbeugung, seit 1985 Mitarbeit im Arbeitskreis der Beratungslehrer zur Suchtvorbeugung der Städte Velbert/Wülfrath, seit 1993 Entwicklung und Durchführung eines Konzeptes zur Primärprävention für SchülerInnen der neunten Jahrgangsstufe (Seminarwoche: „Lust auf Leben"), seit 1993 Entwicklung und Durchführung von Konzepten zu schulinternen Lehrerfortbildungen.

Frieder Winterberg
Jahrgang 1953, seit 1980 Lehrer an der Theodor-Heuss-Realschule in Wülfrath, unterrichtet die Fächer evangelische Religion und Sport, seit 1996 zweiter Konrektor mit dem Schwerpunkt „pädagogische Arbeit", seit 1993 Entwicklung und Durchführung eines Konzeptes zur Primärprävention für SchülerInnen der neunten Jahrgangsstufe (Seminarwoche: „Lust auf Leben"), seit 1993 Entwicklung und Durchführung von Konzepten zu schulinternen Lehrerfortbildungen.

Die Autoren danken

- Sabine Rex für ihre ideenreiche und richtungsweisende Mitarbeit bei der Entwicklung des ersten Projektes,
- Winfried Zeh für die Erstellung der liebevollen Zeichnungen,
- RSD'n Frau Ott für ihre Bestärkung und Unterstützung und die kritische Korrektur der erstellten Arbeitsmaterialien,
- dem Kollegium und der Schulleitung der Theodor-Heuss-Realschule für die Unterstützung bei der Erprobung und Evaluation der Unterrichtsmaterialien.

Inhalt

Vorbemerkungen

Situation an der Schule

„Was ist bloß mit den Kindern los?", fragen sich täglich LehrerInnen und es wird über „die Jugend von heute" gestöhnt. Will man der Problematik auf den Grund gehen, zeigt sich sehr schnell, dass unsere Kinder immer weniger Lebensperspektiven haben und diese als Orientierungslosigkeit erfahren. Aus Mangel an Zeit, Zuwendung und Zärtlichkeit bauen sich Kinder eigene Erlebniswelten auf, die oft nicht ausgerichtet sind an unseren herkömmlichen Vorstellungen von sozialem Verhalten. Egoismus und Gewalttaten gegen Personen und Sachen erklären sich so als Resultat einer nicht gemeinschaftsfähigen Lebenshaltung. Die große Gruppe der unauffälligen SchülerInnen mit ihrem positiven Potenzial fühlt sich oft unterdrückt, beschnitten, übervorteilt oder nur unzureichend wahrgenommen. Die unterschiedlichen Lebenswelten dieser beiden Gruppen kollidieren permanent und verhindern ein erfolgreiches Arbeiten in der Schule und letztendlich eine gesunde Persönlichkeitsentwicklung. Auffälliges Verhalten ist oft die Folge, mit dem sich immer häufiger die Familien- und Suchtberatungsstellen beschäftigen müssen.

Nach heutigem Erkenntnisstand bieten primärpräventive Maßnahmen eine Schutzmöglichkeit gegen diese Störung des psycho-sozialen Gleichgewichts. Die Schule muss in diesen Prozess eingegliedert werden und ihre SchülerInnen frühzeitig stark machen, damit sie den vielfältigen Belastungen begegnen können.

Präventiv-pädagogische Prinzipien

Primärprävention in der Schule muss im Vorfeld jeglicher Auffälligkeit beginnen. Sie erfordert ein Handeln, das den einzelnen Schüler in seiner individuellen und sehr konkreten Lebenssituation wahrnimmt und in den Mittelpunkt erzieherischer Überlegungen stellt.

Unter Primärprävention ist in diesem Zusammenhang die Summe aller erzieherischen Maßnahmen zu verstehen, die eine Beeinträchtigung oder Schädigung der eigenen Person/Persönlichkeit und/oder die anderer Personen vermeiden hilft. Ausdrücklich erwähnt sei hier die Erziehung zu:

- **Gewaltfreiheit**
- **verantwortlichem Umgang mit Suchtmitteln**
- **mutigem „Nein-Sagen" in Missbrauchs-Situationen**
- **selbst organisiertem Arbeiten und Handeln**
- **toleranter Begegnung und Akzeptanz der Mitmenschen**

Primärprävention sollte **ein** Baustein eines pädagogischen Gesamtkonzeptes in der Schule werden. Inhaltlich gilt es Lernprozesse zu fördern, die die SchülerInnen befähigen, positive und negative Lebenserfahrungen möglichst ohne Ersatzmittel wie z.B. Genuss- und Rauschmittel zu akzeptieren. Je mehr Menschen „dauerhaft erfahren, Probleme und Konflikte als Bestandteil ihres Lebens zu akzeptieren und zu bearbeiten, umso besser werden sie mit ihren großen und kleinen Alltagssorgen umgehen können."
(Richtlinien und Lehrpläne für die Realschule in NRW, 1993, S. 61)

Vorbemerkungen

Dazu bedarf es der Förderung nachfolgender Kompetenzen:

1. Psycho-soziale Kompetenz

Soziale Lernprozesse verlangen Fähigkeiten wie

- Auseinandersetzen mit der eigenen Persönlichkeit,
- Hinterfragen des sozialen Beziehungsgefüges zu einem/mehreren Partnern,
- Reflexion eigenen Rollenverhaltens und gegebenenfalls Veränderungen,
- Artikulation eigener Bedürfnisse auch in Bezug auf Erwartungen anderer.

2. Kognitive Kompetenz

Unter dem Schlagwort „Lernen lernen" müssen Lernprozesse initiiert werden, die das „Wie" des Lernens in den Mittelpunkt des Unterrichts stellen. Es gilt Kooperation zu fördern, die Fähigkeit zur Kommunikation einzuüben und konstruktives Konfliktverhalten zu trainieren.

3. Moralische Kompetenz

Für die Entstehung von auffälligen Verhaltensänderungen ist neben verschiedenen gesellschaftlichen Einflüssen eine Störung im Selbst (Ich-Schwächung) verantwortlich. Diese Persönlichkeitsstörung drückt sich aus in der Unfähigkeit, „sein Selbstwertgefühl zu regulieren und kontinuierliche Ziele und Ideale (...) als wert- und sinnvoll zu erleben." *(Ladewig, 1981, S. 18)* In diesem Sinne muss ein wesentliches Ziel von Primärprävention in der Schule der Aufbau von Ich-Stärke bei SchülerInnen sein.

4. Genusskompetenz

Oft wird dieser Aspekt der Persönlichkeitsförderung vernachlässigt. Aber gerade im Sinne der Suchtprävention „ist die Fähigkeit zum bewussten, kritischen, aber auch lustbelebenden Umgang mit Konsumangeboten" *(Hallmann, 1995, S. 7)* zu erlernen.

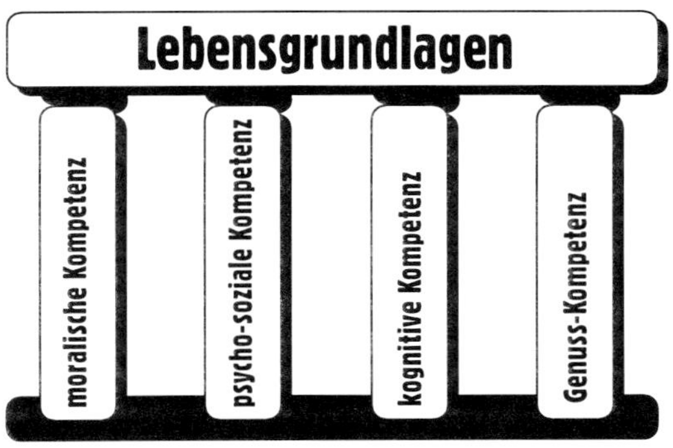

- *Lebenskompetenz als Lebensgrundlage*

Für ein erfolgreiches primärpräventives Arbeiten in der Schule ist neben den oben aufgeführten pädagogischen Prinzipien die menschliche Qualität des Lehrers und die Qualität des gesamten schulischen Lebens entscheidend. „Je größer die Bereitschaft des Lehrerkollegiums und der Schulleitung ist, neben den notwendigen fachlichen Lernprozessen das Schulleben so zu gestalten, dass die Schüler sich darin wohlfühlen, umso eher kann von Seiten der Schule ein Beitrag geleistet werden, einen Schüler, der unter starkem Leistungsdruck steht, sinnvoll und glaubwürdig zu beraten und ihm weiterzuhelfen." *(Bäuerle, 1981, S. 72)* Leistungsdruck darf sich in diesem Sinne nicht nur auf die enge fachliche Leistungsbewertung beziehen. Sie umfasst vielmehr die Fülle aller Belastungen, denen ein Schüler ausgesetzt ist.

Vorbemerkungen

Erziehung in der Schule

präventiv-pädagogische Arbeit
am Beispiel der Theodor-Heuss-Realschule Wülfrath

Erziehung und Bildung sind seit jeher elementare Aufgaben von Schule. Mit Blick auf die in den vorangegangenen Abschnitten geschilderte Problematik muss sich jede Schule zum Ziel setzen, dem Erziehungsauftrag an ihren SchülerInnen in spezifischer Weise gerecht zu werden. Im Sinne einer Sozialisationsbegleitung sollten dazu **„pädagogische Bausteine“** entstehen, die als Elemente des Schulprogrammes das jeweilige Schulprofil kennzeichnen.

Lehrer

- schulinterne Lehrerfortbildung
- themenzentrierte Gesprächsrunden
- *kollegiale Beratung*

Schüler

fachbezogen *richtlinienkonform*	**pädagogische Bausteine** *richtlinienergänzend*
Klasse 5 *BI, D, E, EK, PK, ER, KR, SP* z.B.: „Ben liebt Anna - Beziehungen zwischen Jungen und Mädchen“ (D)	*„Wir werden eine Klassengemeinschaft“* Förderung der Lebenskompetenz im Klassenverband
Klasse 6 *BI, D, E, EK, PK, ER, KR, SP* z.B.: „Verantwortung für die Umwelt“ *(ER/KR/EK/PK)*	*„Wir wachsen zusammen“* Erweiterung der Lebenskompetenz im Klassenverband
Klasse 7 *BI, D, E, F, PK, ER, KR, SP* z.B. „Sucht macht unfrei“ *(BI)* „primäre und sekundäre Sozialisation“ *(PK)*	*Soziales Lernen* Arbeitsgemeinschaft im Klassenverband
Klasse 8 *BI, PK, ER, KR, SP, SW* z.B.: „Konsumverhalten - Selbstverantwortung“ *(SW)*	*Jungen und Mädchenförderung* Klassenunterricht — *Streitschlichtermodell* Arbeitsgemeinschaft
Klasse 9 *BI, D, E, HW, PK, ER, KR, SP, SW* z.B.: „Texte gegen Gewalt“ (D) „Gelebte Sexualität“ *(ER/KR/BI)*	*Lust auf Leben* Seminarwoche im Klassenverband; • *Schulsanitätsdienst* • *peer leader* • *Streitschlichter* Arbeitsgemeinschaften
Klasse 10 *BI, D, HW, PK, ER, KR, SP, SW* z.B.: „Freizeit gestalten“ *(HW)* „Einsatz für den Frieden“ *(ER/KR)*	(• *Schulsanitätsdienst* • *peer leader* • *Streitschlichter* Arbeitsgemeinschaften)

Eltern

- Klassenpflegschaftsarbeit
- themenbezogene Gesprächsabende

Beratungssystem:

- psycho-soziale Beratung
- suchtpräventive Beratung
- Schullaufbahnberatung

Wir haben diese pädagogischen Bausteine im Rahmen unseres Konzepts **„Kompass“** (**Ko**nzepte und **M**aterialien für **p**rimärpräventive **A**rbeit in der **S**ekundar-**S**tufe I) für die Klassenstufen 5 bis 10 entwickelt und erprobt.

Vorbemerkungen

Die Materialien dieser Mappe sind für die jüngsten Schülerjahrgänge in der Sekundarstufe I (5/6) entwickelt worden. SchülerInnen aus verschiedenen Grundschulen kommen in der Stufe 5 an weiterführenden Schulen zusammen. Unterschiedliche Erfahrungen und Fähigkeiten treffen aufeinander und sollen in der Erprobungsstufe harmonisiert werden. Zu diesem Zeitpunkt ist die gezielte pädagogische Begleitung und Einflussnahme von der Schule gefordert, um positive Sozialisationsstrukturen aufzubauen. Die Mappe „Wir werden eine Klassengemeinschaft“ stellt Ihnen begleitende Unterrichtsmaterialien zur Verfügung und zeigt Ihnen einen Weg und Alternativen auf, um Ihren SchülerInnen eine erfolgreiche und – im Sinne von umfassender Gesundheitsförderung – gesunde Schullaufbahn an weiterführenden Schulen zu ermöglichen.

Über diese Intentionen hinaus ist es wichtig, die Eltern so früh wie möglich durch Identifikationsmöglichkeiten mit der Schule in die gemeinsame Erziehungsarbeit einzubeziehen.

Wir über uns

1992 fanden sich drei KollegInnen der Theodor-Heuss-Realschule Wülfrath zu einer Arbeitsgruppe zusammen, um das Thema „Suchtprävention in der Jahrgangsstufe 9“ zu bearbeiten. Ziel war ein konkretes Projekt für SchülerInnen der Klassen 9 zur Persönlichkeitsstärkung.

Keiner der beteiligten KollegInnen war zu diesem Zeitpunkt Fachfrau, -mann für die Erstellung eines Konzeptes im oben beschriebenen Sinn. Beratende Hilfestellung bei der konzeptionellen Erarbeitung leisteten das Jugendamt der Stadt Wülfrath und die Suchberatungsstelle des Kreises Mettmann.

Motivation für die sehr zeitintensive Vorbereitung war der Wunsch, SchülerInnen in ihrer Sozialisation gezielt zu begleiten und ihre Persönlichkeit zu stärken. Darüber hinaus sollten sich alternative Möglichkeiten ergeben, die Schüler-Lehrer-Beziehung neu und anders zu erfahren und die Schule als wichtigen Lebensraum auch über den Unterricht hinaus zu begreifen.

Im Verlauf dieser nun mehrjährigen Arbeit und des eingetretenen Evaluationsprozesses zeigte sich auf der inhaltlichen Ebene, dass auch in anderen Jahrgangsstufen konkrete Projekte erforderlich waren, um den veränderten Anforderungen, die an die Schule gestellt werden *(vgl. Richtlinien und Lehrpläne für die Realschule in NRW, 1993, S. 6; vgl. Bildungskommission NRW, 1995, S. 24f)*, entsprechen zu können. Vielfach geäußerte Elternwünsche und Anfragen aus dem Kollegenkreis, aber auch eigene Erfahrungen mit Sozialisationsdefiziten in der Erprobungsstufe waren Anlass für die Einarbeitung in ein Konzept für die SchülerInnen der Klassen 5 und 6. Der Arbeitstitel „**Ko**nzepte und **M**aterialien für **p**rimärpräventive **A**rbeit in der **S**ekundar **S**tufe I“ wurde in seiner Abkürzung **„Kompass“** zum Programm unserer Arbeit, um SchülerInnen Orientierungshilfen zu geben.

„Wir werden eine Klassengemeinschaft“ basiert auf den in diesem Rahmen entwickelten und vielfach erprobten Materialien. Die Rückmeldungen der beteiligten KollegInnen fanden in anschließenden redaktionellen Überarbeitungen ihren Niederschlag.

Kompass

auf der Suche nach …

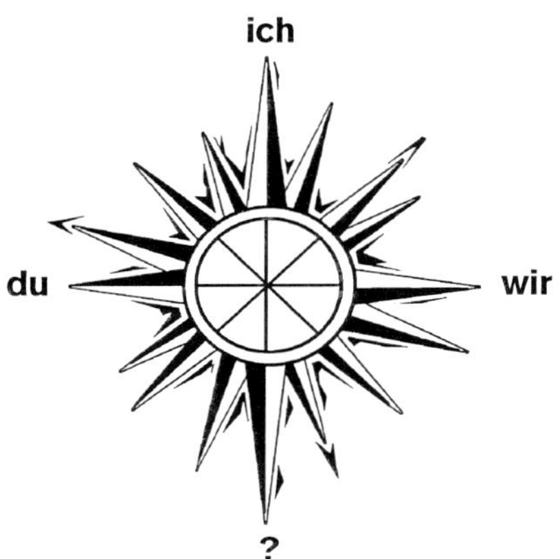

Konzepte und **M**aterialien für **p**rimärpräventive **A**rbeit in der **S**ekundar-**S**tufe I

Vorbemerkungen

Neben den positiven pädagogischen Erfahrungen in der Erprobungsphase konnten die Autoren feststellen, dass Teamarbeit zu einer spürbaren psycho-sozialen Entlastung der beteiligten KollegInnen beiträgt. Darüber hinaus entstand der Wunsch nach weiterer Zusammenarbeit der Teammitglieder.

Hinweise zum Umgang mit der Mappe

„Wir werden eine Klassengemeinschaft" besteht aus drei Projekten. Diese sollen Ihnen und Ihrer Klasse helfen, im Verlauf der Erprobungsstufe zu einer Klassengemeinschaft zusammenzuwachsen. Jedes Projekt setzt einen bestimmten Schwerpunkt.

So geht es im **ersten Projekt „Sanfter Übergang"** darum, den SchülerInnen das Eingewöhnen in die neue Umgebung zu erleichtern. Sie können in diesem Rahmen neue soziale Beziehungen aufbauen und gestalten. Auf dieser Grundlage kann die Klasse im **zweiten Projekt „Wir lernen uns kennen"** weiter zu einer Klassengemeinschaft zusammenwachsen, indem die SchülerInnen

- sich eigener Fähigkeiten und Stärken bewusst werden,
- aufmerksam auf die Fähigkeiten und Stärken ihrer MitschülerInnen werden und
- sich einen Platz in der sozialen Gruppe (in der Klasse) suchen.

Um als Gruppe im täglichen Zusammenleben handlungsfähig zu sein, müssen bestimmte Fähigkeiten wie Akzeptanz, Kommunikations-, Konflikt- und Entscheidungsfähigkeit eingeübt werden. Die Einheiten und Materialien des **dritten Projekts „Als Gruppe handeln"** helfen Ihnen dabei.

Im Sinne eines prozessorientierten Arbeitens können einzelne Projekte oder Elemente herausgenommen bzw. anders als von uns vorgeschlagen miteinander kombiniert oder weiterentwickelt werden. Dies ist notwendig, weil sowohl die räumlichen und organisatorischen, vor allem aber die pädagogischen Rahmenbedingungen an jeder Schule unterschiedlich sind.

- *Einbindung von „Wir werden eine Klassengemeinschaft" in das Schulprogramm*

Eine entscheidende Bedeutung hat in diesem Zusammenhang die *fachliche Zuweisung* der einzelnen Projekte. Geht man davon aus, dass der zeitliche Umfang der vorgestellten Unterrichtseinheiten jeweils etwa einer Wochenstunde ent-spricht, so wird deutlich, dass hierfür Raum ge-schaffen werden muss. Nachdem die früher in den Klassen 5 und 6 übliche Orientierungsstunde aus finanzpolitischen Gründen gestrichen wurde, bleibt nur noch der Mut der verantwortlichen Fachkonferenzen, den Spielraum, den die Richtlinien den Pädagogen einräumen, zu nutzen und auf diesem Wege Zeit für die primärpräventive Arbeit zu schaffen. So kann nach unserer Meinung ein großer Teil der Projekte im Fach *Politik* durchgeführt werden. Aber auch im *Deutschunterricht* sind einige Unterrichtseinheiten zu verwirklichen. Unterstützende Arbeit kann in den Fächern *Kunst, Musik* und *Sport* geleistet werden. In jedem Fall bietet sich eine fächerübergreifende Vorgehensweise an, die der Klassenlehrer anregen und koordinieren sollte.

Fachkonferenzen →	*Schaffung eines organisatorischen Rahmens* ↓
kollegiale Arbeit →	*Vorbereitungen auf den Einsatz der Materialien* ↓
Klassenkonferenz →	*Abstimmung mit Kollegen* ↓
Klassenpflegschaft →	*Information und Einbindung der Eltern* ↓
	Durchführung einer/ mehrerer Unterrichtsreihen

Um ein sinnvolles und effektives Arbeiten mit der vorliegenden Mappe zu gewährleisten, ist eine *gezielte Vorbereitung* nötig. Ein „Herauspicken" einzelner „Spielchen" z.B. für Vertretungsstunden ist nicht in unserem Sinne und wird dem inhaltlichen Potenzial der vorgestellten Übungen nicht gerecht. *Vielmehr ist ein pädagogisch sinnvoller Aufbau beim Einsatz des Materials anzustreben.*

Vorbemerkungen

Nach unserer Erfahrung hat sich die Vorbereitung in einem Team von KollegInnen oder auch im Rahmen von schulinternen Lehrerfortbildungen bewährt. In einer Arbeitsgruppe lassen sich einzelne Übungen ausprobieren (wichtig, um eventuelle Schwierigkeiten zu erfahren) und im Gespräch eigene Unsicherheiten mit neuen Unterrichtsformen erörtern. Die so erworbene Fachkompetenz ist wesentliche Voraussetzung für das Gelingen einer primärpräventiven Arbeit. Die Zusammenarbeit mit KollegInnen und der damit verbundene ständige Erfahrungsaustausch bewirken zudem eine zunehmende Sicherheit und damit eine individuelle Entlastung auf inhaltlicher Ebene.

Aufbau der Mappe

Der Aufbau *des vorliegenden Materials* erfolgt nach einem bestimmten Prinzip. Nach einer kurzen Einleitung werden Ihnen verschiedene aufeinander aufbauende Unterrichtsstunden vorgestellt. Sie sind als Vorschlag zu verstehen und bieten vielfältige Möglichkeiten der individuellen Änderung oder Ergänzung.

Im Anhang finden Sie zahlreiche „warming up's", Kontakt- und Kooperationsübungen. Diese können Sie auf Pappe kopieren, auseinander schneiden und in einem DIN-A5-Karteikasten als Übungskartei zu „Wir werden eine Klassengemeinschaft" sammeln. Natürlich sind die Übungen auch über die Projekte hinaus im Unterricht, auf Klassenfahrten oder in Projektwochen einsetzbar. Zur besseren Übersicht wurde der Anhang in 3 verschiedene Kategorien unterteilt:

A – „warming-up's":	kurze „Locker-macher" oder Übungen zum Aufatmen
B – Kontaktübungen:	Übungen zum gegenseitigen Wahrnehmen
C – Kooperationsübungen:	Übungen zum Aufbau einer Gemeinschaft

verwendete Symbole

Verschiedene Symbole sollen die Übersichtlichkeit erhöhen und die praktische Arbeit mit der Mappe erleichtern:

Baustein

Mit diesem Baustein werden thematische Schwerpunkte der vorliegenden Unterrichtseinheit angegeben.

→ S. 14

Dieses Zeichen verweist auf Material in unmittelbarer Nähe der aktuellen Seite. Meist ist die nächste oder übernächste Seite gemeint.

→ B1

Mit diesem Symbol wird auf eine Seite des Anhangs verwiesen. In dem nebenstehenden Beispiel findet man weiteres Material im Anhang B unter Nummer1.

Hinweis zum Sprachgebrauch

Bei der Anrede im Plural haben wir durchgängig die Form „LehrerInnen" und „SchülerInnen" verwendet. Hiermit sind selbstverständlich immer auch die männlichen Lehrer und Schüler gemeint.

Um Missverständnisse bzw. Verwirrungen auf den Arbeitsblättern und bei der Anrede im Singular zu vermeiden, haben wir dort durchgängig die männliche Form der Anrede gewählt. Umgekehrt ist dabei immer auch die Lehrerin und die Schülerin eingeschlossen.

Kombinationsmöglichkeiten der einzelnen Projekte

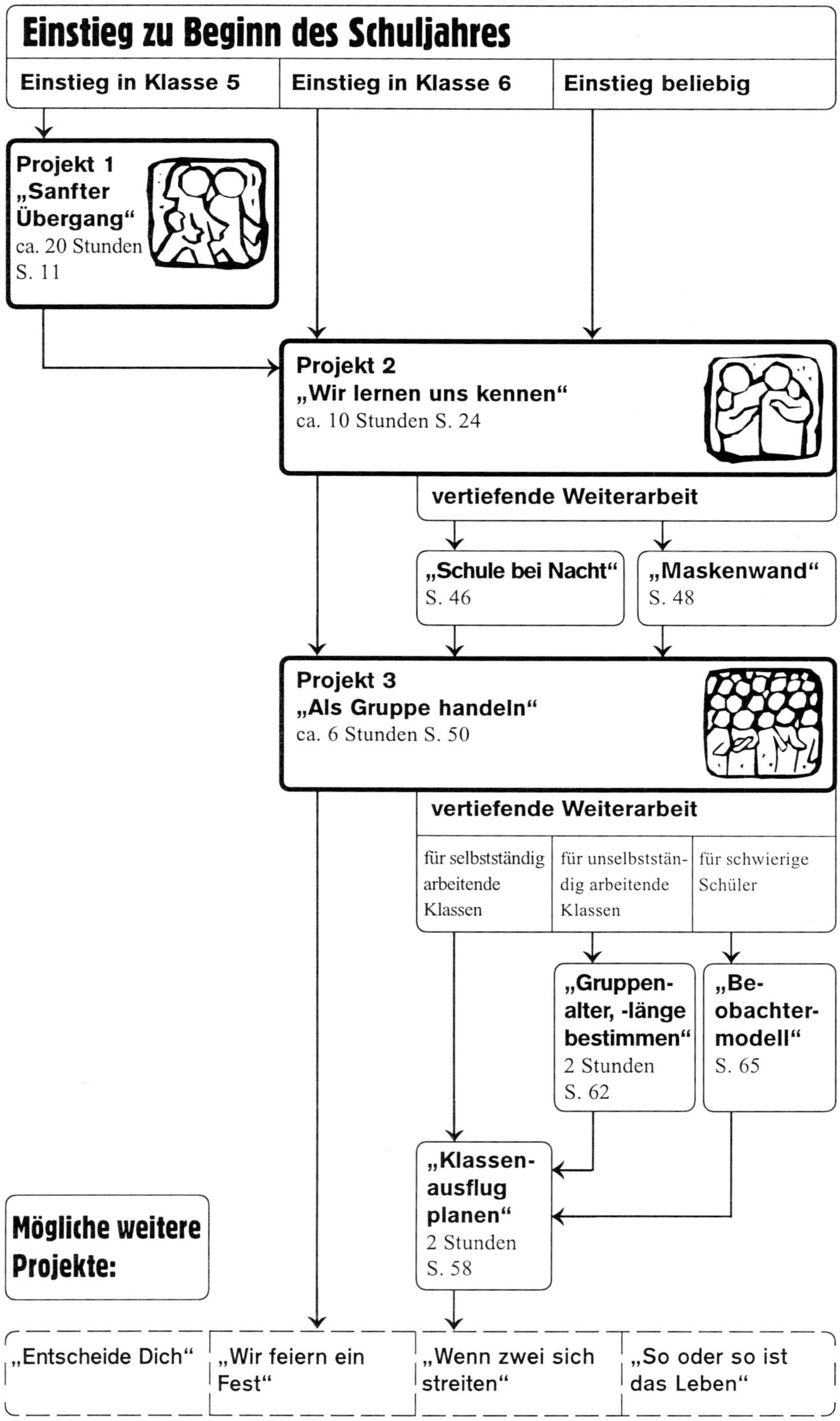

PROJEKT 1

„Sanfter Übergang“

Von der Primarstufe zur Sekundarstufe I

Schülerinnen und Schüler der neu gebildeten fünften Klassen kommen aus dem vertrauten Umfeld ihrer Grundschule. Räumlichkeiten und Organisationsformen (Rhythmisierung des Unterrichtes, Pausenordnung etc.) gehörten zum Schulalltag. Lehrerinnen, Lehrer, Hausmeister und Mitschüler waren vertraute Bezugspersonen im Lebensalltag. Der Schulweg und bekannte Unterrichtswege (innerhalb des Geländes, zur Schwimmhalle etc.) gaben Sicherheit im täglichen Verhalten.

Alle diese Vertrautheiten verschwinden mit dem Besuch der weiterführenden Schule schlagartig und eine große Zahl von Informationen und neuen Eindrücken prasseln auf die Fünftklässler herab. Unsicherheit, Ängste, Rückzugs- oder Ausweichverhalten bis hin zur Verweigerung können Folgen dieser für einige SchülerInnen schwer zu bewältigenden Anforderung sein. Nicht zu unterschätzen ist der Erfolgsdruck, dem manche Kinder – von Eltern bewusst oder unbewusst ausgeübt – unterliegen.

Als neuer Klassenlehrer oder Fachlehrer einer Klasse stellt sich Ihnen die Aufgabe, den SchülerInnen den Übergang zu erleichtern und sie behutsam mit allem Neuen vertraut zu machen. Es gilt eine Lernatmosphäre zu schaffen, die Geborgenheit ermöglicht und gleichzeitig motivierend auf das Lernen im umfassenden Sinn wirkt.

Das Projekt *„Sanfter Übergang“* kann nur dann erfolgreich sein, wenn es vom gesamten Kollegium akzeptiert wird. Als Klassenlehrer müssen Sie sich in einem ersten Schritt die Probleme bewusst machen, die die neuen SchülerInnen mit sich „herumschleppen“. Dieses „neu in den Blick nehmen“ fällt vielen KollegInnen nicht leicht. Insofern erscheinen kollegiale Vorbereitungstreffen notwendig, die eine Einstimmung auf die neue Jahrgangsstufe zum Ziel haben.

Die Materialien dieses Projektes sollen Ihnen bei der Gestaltung der ersten Schultage helfen. Es wurde versucht, alle anfänglichen Orientierungsschwierigkeiten der SchülerInnen, aber auch neue Arbeits- und Organisationsformen der zukünftigen Unterrichtsarbeit zu berücksichtigen. Die beiden Schwerpunkte des „sanften Überganges“ sind

- die Aufnahme und Gestaltung sozialer Beziehungen,
- Orientierungshilfen zur Eingewöhnung in der neuen Umgebung.

Die häufig geübte Form, die ersten Schultage in die alleinige Verantwortung des Klassenlehrers zu legen, erweist sich für die neuen SchülerInnen als unbefriedigend, da sie darauf „brennen“, die ihnen unbekannten Fächer kennen zu lernen.
Nach mehreren Erprobungsphasen hat sich daher folgender Organisationsrahmen als sinnvoll erwiesen und in der vorliegenden Planung seinen Niederschlag gefunden:

1. Tag:	**Klassenlehrerunterricht (3 Stunden)**
2. Tag:	**Klassenlehrerunterricht (5 Stunden)**
3./4. Tag:	**Klassenlehrer- oder Fachlehrerunterricht (3 Stunden/3 Stunden)**
5./6. Tag:	**Klassenlehrer- oder Fachlehrerunterricht (2 Stunden)**
letzter Tag:	**Klassenlehrerunterricht (2 Stunden)**

Orientierung in der Klasse

Tag **1** 2 3 4 5 6 7
3 Stunden

Vorbereitung

- Klassenraum: Stuhlkreis; Tische am Rand anordnen, sodass sie durch Umstellen der Stühle benutzbar sind; Kassettenrekorder
- Ein möglichst abseits gelegener, nicht genutzter Raum kann als Café hergerichtet werden (evtl. von einer Klasse, die ihre Kasse aufbessern möchte).
- Materialliste mit Kollegen absprechen (Hefte, Schreibmaterial, Kunstbedarf etc.)
- Die an die SchülerInnen auszuteilenden Bücher werden durch die Klassenpaten oder andere Schüler am Vortage in den Klassenraum gebracht.

Material

- Kassettenrekorder
- Musik
- Text „Die kleine Schraube“
- Schrauben, evtl. Kordel
- vorbereitete Namenskarten
- evtl. Wäscheklammern oder Buttonmaschine
- Materialliste

Stundenablauf

Begrüßung

- Begrüßung durch die Schulleitung auf dem hinteren Schulhof
- Die SchülerInnen gehen mit ihren KlassenlehrerInnen zu ihren Klassenräumen. Dabei werden erste Teile des Gebäudes/Geländes erklärt (Toiletten, Sekretariat).
- Die Eltern warten in einem Raum, der als Café hergerichtet ist.

Einstimmung

- Geschichte „Die kleine Schraube“ vorlesen (Stuhlkreis) ⟶ S. 14
- Schrauben verteilen (evtl. Kordel bereithalten)

Kennen lernen

- Die SchülerInnen wenden sich den Tischen zu und beschriften/bemalen ihre bereitgelegten Namenskarten (meditative Musik), die mit Wäscheklammern oder als Button (Buttonmaschine ist beim Jugendamt ausleihbar) an der Kleidung befestigt werden.
  Bei Zeitmangel kann die Gestaltung der Namenskarten als Hausaufgabe erfolgen. Für die Klassensituation an diesem Tage genügt auch ein beschrifteter Kreppbandstreifen, der auf die Kleidung geklebt wird.
- Kennenlernübung ⟶ B1

Neue Bücher

- Die Bücher werden verteilt und mit Namen beschriftet *(bei Zeitmangel exemplarisch an einem Buch).*
- Auf den pfleglichen Gebrauch hinweisen (Umschlag).

Planung

- Die SchülerInnen erfahren die Zeitplanung der nächsten Tage.
- Sie bekommen eine von Ihnen angefertigte Liste mit Materialien, die sie für den Unterricht benötigen. Darin enthalten ist ein Kostenbeitrag der Eltern für einen ersten (!) Heftsatz, der durch die Schule besorgt wird. Auf der Liste ist extra aufgeführt, was die Kinder für den folgenden Tag benötigen (Stundenplanformular, Schreibzeug, Frühstück).

Gesprächsregeln / Schulgelände

Tag 1 **2** 3 4 5 6 7
5 Stunden

Vorbereitung

- Gesprächsregeln mit den in der Klasse unterrichtenden KollegInnen absprechen
- Möglichkeit zum Aufhängen der Gesprächsregeln schaffen

Material

- Kassettenrekorder
- Musik
- Arbeitsblatt „Gesprächsregeln“
- Plakatteile zu den Gesprächsregeln
- Klebstoff
- Stundenplan

Stundenablauf

Einstimmung

- „warming-up“ ⟶ **A1**

Kennenlernen

- Kennenlern- oder Wahrnehmungsübung ⟶ **B1**

Gesprächsregeln

- Einige Gesprächsregeln werden auf einem Arbeitsblatt vorgegeben. ⟶ **S. 14**
- Die SchülerInnen ergänzen sie durch z.B.
  „Wer etwas sagen will, meldet sich.“
  Die Ergebnisse werden mit Hilfe von Plakatteilen zu einer Regeltafel im großen Format (DIN A2) zusammengefügt und gut sichtbar an der Tafelseite im Klassenraum aufgehängt. Neben den auf dem Arbeitsblatt vorgegebenen Formulierungen sollten Sie folgende Regeln von den SchülerInnen finden lassen:
  - *Wer etwas sagen will, meldet sich.*
  - *Wir lassen jeden ausreden.*
  - *Wir hören einander zu.*
  - *Wir nehmen uns und das, was wir zu sagen haben, ernst.*
  - *Wenn wir Kritik an Personen üben, machen wir deutlich, weshalb wir sie üben.*
- **Auf die Einhaltung der Regeln peinlich genau achten!**

Aufatmen

- Zum „Locker-machen“ kann eine Übung gemacht werden. ⟶ **A2**

Schulgelände

- Die Klasse erkundet das Schulgelände.
  Dabei wird besonders auf den Schulhof, die Müllentsorgung und den Fahrradkeller eingegangen und die damit verbundenen Regeln erklärt (Sammeln vor dem Betreten des Gebäudes, Mülltrennung, Schieben des Fahrrades auf dem Schulgelände).
- Die Fachräume (BI, CH, INF, KU, MU, PH, TC, TX, Turnhalle) werden gezeigt.

Stundenplan

- Die SchülerInnen schreiben den Stundenplan auf.
- Die Fach- und Lehrerkürzel und der Zeittakt werden erklärt.
- Auf Vertretungssituationen wird hingewiesen.

Die kleine Schraube

Eine kleine Schraube sitzt
in einem riesigen Panzerschiff
mit tausend anderen Schrauben
und hält zwei Stahlplatten zusammen.
Eines Tages sagt die Schraube:
„Jch will es mir ein bisschen bequem
machen; das ist ja meine eigene Sache
und geht niemand etwas an!"

Aber als die anderen Schrauben hören,
dass da eine etwas locker werden will,
da protestieren sie und rufen:
„Bist du verrückt?
Wenn du herausfällst, dann wird es
nicht lange dauern, bis auch wir
herausfallen."

Zwei größere eiserne Rippen
schlagen auch Alarm:
„Um Gottes willen, haltet die Platten
zusammen, denn sonst ist es auch
um uns geschehen."

Jn Windeseile geht das Gerücht
durch das ganze Schiff:
„Die kleine Schraube hat was vor!"
Alles ist entsetzt.
Der riesige Körper des Schiffes
ächzt und bebt in allen Fugen.
Und alle Rippen, Platten und Schrauben
senden eine gemeinsame Botschaft
an die kleine Schraube und bitten sie,
nur ja an ihrer Stelle zu bleiben,
sonst werde das ganze Schiff untergehen,
und keiner werde den Hafen erreichen.

*(aus: Willi Hoffsümmer, Starthilfen für dich.
Matthias-Grünewald-Verlag GmbH, Mainz 1978, S. 34)*

Gesprächsregeln

Diese Gesprächsregeln
sind völlig durcheinander geraten.
Schneide die einzelnen Kästchen aus
und setze sie richtig zusammen.
Einige Kästchen sind frei geblieben.
Fallen dir noch weitere wichtige Regeln ein?
Schreibe sie in die freien Felder!

Achte die Meinung anderer,

Bleib beim

Mitschüler ausreden!

Sprich vor der Klasse laut,

Lass deinen

Reihenfolge der Wortmeldungen!

Thema!

in der Gruppe aber leise!

Beachte die

Wende dich beim

Sprechen deinen Mitschülern zu!

wie deine eigene!

Ordnungsrahmen / Klassengemeinschaft

Tag 1 2 **3** 4 5 6 7
3 Stunden

Vorbereitung

- Das Materialpaket in Abstimmung mit den Kollegen zusammenstellen. *(Eine zentrale Bestellung und Auslieferung erspart Arbeit!)*

Material

- Kassettenrekorder
- Arbeitsblatt „Deckblatt"
- ruhige Musik
- Arbeitsblatt „Mein Schnellhefter"
- Materialpakete
- Text „Wir" als Folie/Kopien

Stundenablauf

Einstimmung

- „warming-up" ⟶ A4
- Besprechung der Tagesplanung im Sitzkreis

Materialausgabe

- Die SchülerInnen bekommen das vom Klassenlehrer zusammengestellte Materialpaket (Hefte, Mappen etc.) ausgehändigt und beschriften alle Hefte. *Bei Zeitnot empfiehlt es sich, nur einige Hefte vollständig zu beschriften – die übrigen Hefte werden mit dem Fächerkürzel versehen (Bleistift) und zu Hause fertig gestellt.*
- Der Gebrauch des Schnellhefters wird erklärt und die ersten Seiten (Deckblatt, „Mein Schnellhefter") werden eingeheftet. ⟶ S. 17a
- Das Arbeitsblatt „Mein Schnellhefter" wird besprochen.

Frühstück

- Im Klassenraum wird gemeinsam das mitgebrachte Pausenfrühstück eingenommen. Dabei wird kurz (!) auf ein gesundes Frühstück eingegangen.

Mülltrennung

- Der vom Frühstück angefallene Müll wird auf einen Tisch gelegt und die in der Schule vorgesehene Mülltrennung exemplarisch durchgeführt.
- Möglichkeiten der Müllvermeidung werden angesprochen und gezeigt.

1. große Pause

Klassengemeinschaft

- Der Text „Wir" wird vorgelesen und kurz besprochen. ⟶ S. 17b
- Zum nochmaligen Lesen des Textes machen die SchülerInnen passende Gesten.
- Der Text – als Folie vorliegend – wird bei ruhiger Musik in „Sonntagsschrift" abgeschrieben und die Seite schön gestaltet. (Kopien für „Langsamschreiber" bereithalten.)

Name
Klasse
ZEH

Mein Schnellhefter

- Für unsere Arbeit brauchst du kein Heft, sondern einen Schnellhefter, um deine Arbeitsergebnisse zusammenzustellen.
- In diesen Schnellhefter kommen alle fertigen Blätter zu unseren Projektthemen und aus dem Politikunterricht.
- Nimm für jede Aufgabe, die du bearbeitest, ein neues Blatt.
- Wie die Blätter aussehen sollen, siehst du rechts.

Achte darauf besonders:

→ Schreibe lesbar!

→ Unterstreiche Wichtiges!

→ Achte auf den Rand!

→ Benutze ein Lineal!

→ Unterstreiche Überschriften!

So sollten deine Arbeitsblätter aussehen!

- *Links und rechts sind Ränder von ca. zwei Zentimetern.*

Oben steht links unser Name und rechts steht das Datum!

Links ist ein Rand von 2 cm Breite und ...

... rechts lassen wir ebenfalls einen Rand von 2 cm!

Die Löcher zum Einheften befinden sich immer links!

Wir

Jch bin Jch und du bist du.
Wenn ich rede, hörst du zu.
Wenn du sprichst, dann bin ich still,
weil ich dich verstehen will.
Wenn du fällst, helf ich dir auf,
und du fängst mich, wenn ich lauf.
Wenn du kickst, steh ich im Tor,
pfeif ich Angriff, schießt du vor.
Spielst du pong, dann spiel ich ping,
und du trommelst, wenn ich sing.
Allein kann keiner diese Sachen,
zusammen können wir viel machen.
Jch mit dir und du mit mir –
das sind wir.

Jrmela Brender

Woher kommen wir?

Tag 1 2 3 **4** 5 6 7
3 Stunden

Vorbereitung

- Einen Stadtplan auf Styropor kleben und eine Aufhängemöglichkeit schaffen.
- Eine Absprache mit dem Fachlehrer für Erdkunde bezüglich der Einheit „Schulweg“ (vgl. schuleigener Lehrplan EK) ist erforderlich.
- Auf das Arbeitsblatt „Mein Schulweg“ einen Ausschnitt des Stadtplans, auf dem Ihre Schule und der Schulweg Ihrer SchülerInnen abgebildet ist, kopieren.

Material

- Kassettenrekorder
- ruhige Musik
- Stadtplan
- Stecknadeln
- 3 Gegenstände (z.B. Tücher)
- Sympathiebogen „Neben wem möchtest du gerne sitzen?“
- Arbeitsblätter „Mein Schulweg“
- Fäden

Stundenablauf

Einstimmung

- „warming-up“ → A5
- Besprechung der Tagesplanung im Sitzkreis

Schulweg

- Vor der eigentlichen Arbeit am Schulweg wird der Klasse der Sympathiebogen „Neben wem möchtest zu gern sitzen?“ ausgeteilt und das Ausfüllen erklärt. → S. 20
- Die auf ihren Plätzen sitzenden SchülerInnen erledigen nacheinander bei ruhiger Musik – möglichst leise – folgende Aufgaben:

a

Jeweils drei SchülerInnen markieren mit einer Stecknadel auf dem Stadtplan ihren Wohnort und ziehen einen Faden zur Schule. Anschließend geben sie einen Gegenstand (z.B. ein verknotetes Tuch) an einen Mitschüler, der seinerseits zusammen mit zwei weiteren MitschülerInnen am Stadtplan arbeitet und danach mit dem Gegenstand den nächsten Schüler bestimmt, bis alle SchülerInnen diese Arbeit erledigt haben.

b

Die Klasse füllt den Sympathiebogen aus.
Fertige SchülerInnen bringen ihn leise zum Lehrertisch und legen ihn in ein bereitstehendes Körbchen.

c

Das Deckblatt zum Schnellhefter wird ausgemalt und anschließend abgeheftet.

- Auf die Gefahren des Schulweges wird eingegangen (Verkehrserziehung).
- Als Hausaufgabe sollen die SchülerInnen die Straßennamen ihres Schulweges in der richtigen Reihenfolge aufschreiben und gefährliche Stellen mit einem Symbol markieren. Hierfür teilen Sie das Arbeitsblatt „Mein Schulweg“ aus. → S. 19

Reflexion

- „Blitzlicht“ im Stuhlkreis:
  Jeder Schüler hat die Möglichkeit, Stellung zur Frage „Wie hat mir die erste Woche an meiner neuen Schule gefallen“ zu nehmen. Dabei ist darauf zu achten, dass die Beiträge differenziert sind und nicht kommentiert werden.

Mein Schulweg

- *Raum für eine Kopie des Stadtplanausschnitts, auf dem Ihre Schule und der Schulweg Ihrer SchülerInnen abgebildet ist.*

1. Schreibe die Namen der Straßen, die du auf deinem Schulweg gehst, in der richtigen Reihenfolge auf.

2. Zeichne mit einem bunten Stift deinen Schulweg in die Karte ein.

3. Wo sind die Gefahrenpunkte?
   Zeichne an diese Stellen ein *rotes Ausrufezeichen.* !

Neben wem möchtest du gerne sitzen?

1. Schreibe in das untere Feld deinen Namen!
2. Schreibe in die drei anderen Felder die Namen deiner Mitschüler oder Mitschülerinnen, neben denen du gerne sitzen würdest!

____
1.

____
2.

____
3.

____
Hier kommt dein Name hin.

Wir werden eine Klassengemeinschaft

Neben wem möchtest du gerne sitzen?

1. Schreibe in das untere Feld deinen Namen!
2. Schreibe in die drei anderen Felder die Namen deiner Mitschüler oder Mitschülerinnen, neben denen du gerne sitzen würdest!

____
1.

____
2.

____
3.

____
Hier kommt dein Name hin.

© Verlag an der Ruhr, Postfach 10 22 51, 45422 Mülheim an der Ruhr

20

Sitzordnung

Tag 1 2 3 4 **5** 6 7
2 Stunden

Vorbereitung

- Auswertung der Sympathiebögen vom Vortag

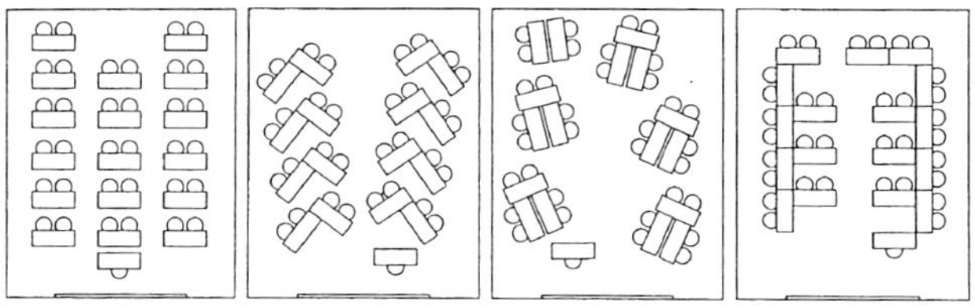

- *Die gezeigten Grundmuster dienen als Anregung. Bei der Entscheidung für eine Sitzordnung sollte berücksichtigt werden, dass ein Gesprächskreis möglichst schnell eingerichtet werden kann.*

Material

- Namenskarten vom ersten Tag
- Kassettenrekorder
- ruhige Musik

Stundenablauf

Einstimmung

- Ein „warming-up“ nach Wunsch der SchülerInnen wird durchgeführt. ⟶ A?
- Sie haben den Sympathiebogen bereits ausgewertet und zu einem vorläufigen Sitzplan zusammengestellt.
- Alle SchülerInnen verlassen mit Schultasche den Klassenraum und halten sich (leise) auf dem Flur auf. In der Zwischenzeit stellen Sie die Namenskarten vom ersten Tag entsprechend der Auswertung auf die Tische.
- Die SchülerInnen kommen nacheinander in die Klasse und suchen sich **nonverbal** ihre Plätze (ruhige Musik).
- Anschließend ist Gelegenheit, im Gespräch auf Veränderungswünsche der Klasse einzugehen.
- Vorschläge zur Verschönerung des Klassenraumes (z.B. Blumen) werden gesammelt.

Frühstück

- Im Klassenraum wird gemeinsam das mitgebrachte Pausenfrühstück eingenommen.

Gefahren des Schulweges

Tag 1 2 3 4 5 **6** 7
2 Stunden

Vorbereitung

- Unterrichtsgang eintragen

Material

- Erste-Hilfe-Tasche

Stundenablauf

Einstimmung

- Ein „warming-up“ nach Wunsch der SchülerInnen wird durchgeführt. ⟶ A?

Schulweg

- Die SchülerInnen begehen den Weg von der Schule zum Busbahnhof/ zur Schwimmhalle im Rahmen eines Unterrichtsganges und werden auf Gefahrenpunkte und verkehrsgerechtes Verhalten hingewiesen.
- Die Hausaufgaben des vierten Tages werden dabei – wenn möglich – besprochen.

Rückblick auf die ersten Tage

letzter Tag 1 2 3 4 5 6 **7**

2 Stunden

Hinweis

Der Verlauf der bisherigen Unterrichtseinheiten innerhalb des Projekts „Sanfter Übergang“ wird wesentlich vom Lern- und Arbeitstempo der jeweiligen Schülergruppe bestimmt. So kann es hinsichtlich der Planung zu zeitlichen Verschiebungen kommen, die weitere Doppelstunden erforderlich machen. Dazu bieten sich der siebte und achte Tag an. **Unabhängig von der individuellen Planung des Klassenlehrers sollte die „Fantasiereise“ den Abschluss des gesamten Projektes bilden.**

Vorbereitung

keine

Material

- Kassettenrekorder
- Text der Fantasiereise „Mein Traum vom Schweben“
- DIN-A3-Blätter
- Wachsmalstifte
- ruhige Musik

Stundenablauf

- Fantasiereise „Mein Traum vom Schweben“ → S. 23
- In einem kurzen „Blitzlicht“ hat jeder Schüler Gelegenheit, seine Erlebnisse zu schildern.
- Die SchülerInnen malen ihre Eindrücke mit Wachsmalstiften auf ein DIN-A3-Blatt.
- Im Stuhlkreis können dazu bereite SchülerInnen ihre Bilder vorstellen. An dieser Stelle sollten Sie die Möglichkeit zur Reflexion nutzen, die sich in dieser Phase des Unterrichts bietet. Fragestellungen können sein:
  * *Wie wohl fühle ich mich im Klassenverband?*
  * *Wie komme ich mit den vielen verschiedenen Lehrerinnen und Lehrer zurecht?*
  * *Was macht mir am meisten zu schaffen?*
  * *Was gefällt mir am besten?*

Hinweise zur Durchführung von Fantasiereisen

Der Einsatz von Meditationen oder Stilleübungen bedarf einer besonderen Vorbereitung. Diese bezieht sich sowohl auf die Atmosphäre im Raum als auch auf das Vorgehen des Lehrers.

- Während der Meditation sind Störungen von außen zu vermeiden.
- Der Klassenraum sollte verdunkelt werden können.
- Die SchülerInnen müssen eine „druckfreie“ bequeme Sitzhaltung (Kutschersitz) einnehmen, die über einen längeren Zeitraum beibehalten werden kann.
- Falls das „Erlebte“ von den SchülerInnen anschließend bildlich dargestellt werden soll, sind vorher Malutensilien bereitzulegen. Das individuelle Ergebnis (Wortbeiträge oder bildliche Darstellungen) muss von allen Beteiligten wertfrei entgegengenommen werden.
- Jede Meditation beinhaltet einen hinführenden und einen zurückführenden Teil. Beide sind unverzichtbar.
- Der ungeübte Lehrer sollte den Text sorgfältig vorbereiten. Ein ruhiges Sprechen, angemessenes Tempo und Pausen an den gekennzeichneten Stellen (den letzten Satz in Gedanken wiederholen) müssen geprobt werden. Die Position des Lehrers im Raum ist so zu wählen, dass alle SchülerInnen Sprache und Musik gut verstehen können.
- Ruhige Musik erleichtert vielen SchülerInnen eine innere Sammlung.
- Nicht immer gelingt es allen SchülerInnen, sich auf die Meditation einzulassen. Lachen, Räuspern, Herumrutschen u. Ä. sind als Zeichen von Unsicherheit oder Unvermögen zuzulassen, soweit sie die gesamte Gruppe nicht behindern. Ansonsten ist die Meditation abzubrechen.

„Mein Traum vom Schweben“ Fantasiereise

Beschreibung:

Jch möchte dich zu einer Fantasiereise einladen, in der du selbst die Hauptrolle spielst.

Setze dich bequem hin und schließe die Augen. – Achte auf deinen Atem. – Dein Atem kommt und geht. – Er geht ein und aus. – Du wirst ganz ruhig. – Alle Gedanken, die dich jetzt noch bewegen, nimmt ein sanfter Wind mit sich fort. – Dein Atem strömt ein und aus. – Du bist ganz bei dir. (Pause)

Stell dir vor, du kannst wie im Traum schweben – ganz schwerelos werden. Wie fühlt sich das an? Ohne Mühe hebst du vom Boden ab und schwebst zur Klassenzimmerdecke empor und wie ein Geist gleitest du durch die Tür, über den Gang, die Treppe hinab ins Freie. Du genießt es erst einmal, so frei und leicht zu sein. Du steigst höher, drehst einige Runden, mal hierhin und dorthin. Von oben sieht alles so anders aus. Die Häuser, die Autos, die Menschen auf der Straße sind winzig klein. (Pause) Auf deinem Flug erkennst du ein großes Gebäude. Es ist deine neue Schule. Jetzt interessiert es dich, doch mal von aussen in deine neue Klasse hineinzuspähen. Vorsichtig hältst du vor dem Fenster schwebend inne. Dort siehst du alle sitzen, bekannte und noch unbekannte Gesichter. – Und was ist das? Du kannst dich selbst dort sitzen sehen. Es wundert dich aber gar nicht, denn im Traum ist alles möglich. Was machst du gerade? – Wie fühlst du dich in deiner neuen Klasse? – Hörst du vielleicht gerade eine Geschichte? – Malst du ein Bild? – Lernst du neue Regeln kennen? – Singst du mit den anderen ein Lied? – Spielst du mit deinen neuen Klassenkameraden? (Pause)

Jn der Fantasie schwebst du immer noch draußen vor dem Fenster und siehst, wie alle Kinder aufstehen. Es hat zur Pause geklingelt. Hast du den Gong gehört? –

Du schwebst weiter und erreichst den Schulhof. Dort siehst du dich mit den vielen anderen Kindern, kleinen und sehr großen. – Wie fühlst du dich? (Pause)

Am Ende der Pause kannst du beobachten, wie du dich mit deiner Klasse auf den Weg von der Schule zum Busbahnhof und zur Schwimmhalle machst. Was siehst du alles? – Wie fühlst du dich? (Pause)

Und nun kannst du sacht hinabschweben, bis deine Füße festen Boden erreichen. Wie fühlt sich der Boden an? (Pause)

Sag dem Traum vom Schweben „Auf Wiedersehen“ und komm mit deiner Aufmerksamkeit hierher in die Klasse zurück. Öffne deine Augen, atme tief ein und aus, recke und strecke dich. (Pause)

Versucht nun das, was euch am besten gefallen hat, möglichst leise mit Wachsmalstiften auf die vor euch liegenden DJN-A3-Blätter zu malen.

Hinweis:

Die entstandenen Bilder eignen sich gut zur Wanddekoration.

Auswertung:

- Wie hast du dich gefühlt?
- An welcher Stelle hast du dich am deutlichsten gesehen?
- Wie erging es dir, als du durch die Luft geschwebt bist?
- Gab es besonders schöne oder unangenehme Erlebnisse?

PROJEKT 2

„Wir lernen uns kennen"

Auseinandersetzung mit Selbstkonzepten

Im ersten Projekt stand das Eingewöhnen der SchülerInnen in die noch unbekannte Umgebung und das Kennenlernen neuer Abläufe des Schulalltags im Vordergrund der Arbeit. Das folgende, zweite Projekt **„Wir lernen uns kennen"** ist unserer Meinung nach von zentraler Bedeutung für das Heran- bzw. Zusammenwachsen der Klasse zu einer Klassengemeinschaft. Ziel ist erst einmal die Entwicklung von Selbstwertgefühl und Selbstbewusstsein durch Erkennen der eigenen Fähigkeiten und Stärken.

Eine Auseinandersetzung mit Selbstkonzepten muss als wesentlicher Schwerpunkt eines erziehenden Unterrichts thematisiert und immer wieder neu erprobt werden.

Jeder Mensch lernt mit Hilfe von Lebensstrategien sein Leben schrittweise zu bewältigen. Auf diesem Weg gilt es,

1. sich eigener Fähigkeiten und Stärken bewusst zu werden,
2. aufmerksam zu werden auf Stärken und Fähigkeiten der Mitmenschen,
3. sich einen Platz in der sozialen Gruppe zu suchen.

Im folgenden Projekt bewirkt die Schilderung persönlicher Erlebnisse bzw. Erfahrungen und das Entdecken von Gemeinsamkeiten Nähe, Vertrautheit und/oder Intimität. Ihnen als Lehrer kommt die vordringliche Aufgabe zu, eine Atmosphäre zu schaffen, in der diese Nähe möglich ist, in der jeder Schüler offen und ehrlich sein kann. Nur ein von Vertrauen geprägter „Raum" ermöglicht es eigene Positionen zu finden, d.h. auch „Nein sagen" zu können in dem Bewusstsein, nicht ausgestoßen zu werden. Gelingt es in einem prozesshaften „Miteinander-Arbeiten" ein solches Vertrauen aufzubauen, bietet die Klassengruppe einen Schutzraum, der vielfältige Entwicklungsschritte des Einzelnen ermöglicht. Gemeinsame Erfahrungen und Wissen voneinander sind Voraussetzungen dafür, sich mit Beziehungsfragen beschäftigen zu können und sich ganz konkret als Gruppenwesen zu erfahren.

Grundsätzlich können die Einheiten des Projekts in Einzelstunden unterrichtet werden. Häufig ist es schwierig, die in einer Stunde aufgebaute vertrauensvolle Atmosphäre bis zur späteren Weiterarbeit aufrechtzuerhalten. Daher kann es sich für bestimmte Lerngruppen als günstig erweisen, einzelne der unten aufgeführten thematischen Schwerpunkte zusammenhängend (z.B. in Projektform) durchzuführen.

- Das Projekt *„Wir lernen uns kennen"* beginnt damit, Gefühle bewusst zu machen. *„Gefühle wahrnehmen, kennenlernen und damit umgehen"* erscheint uns als wesentliche Voraussetzung dafür, sich selbst und andere Menschen verstehen zu können.
- Im folgenden Schritt setzen sich die SchülerInnen mit Bildern (Vorstellungen) auseinander, die sie von sich und anderen haben. Dabei wird ihnen auch von MitschülerInnen ein Spiegel vorgehalten und sie erfahren ansatzweise, wie sie auf andere wirken bzw. welche Bilder die MitschülerInnen von ihnen haben.
- Die Einheiten *„Wer bin ich?"*, *„Selbstbildnis"*, ... dienen der Bewusstmachung eigener Stärken und Fähigkeiten sowie der Wahrnehmungsschulung für Verhalten der MitschülerInnen.
- Die abschließenden Übungen verhelfen den SchülerInnen dazu, über körperliche Wahrnehmung Vertrauen zu gewinnen und positive Gruppenerfahrungen zu erleben. Auch hier erfordern die einzelnen Schritte von Ihnen hohe Sensibilität, um Blockaden bei den SchülerInnen wahrzunehmen bzw. im Vorfeld zu verhindern.

Gefühle bewusst machen

Unterrichtsstunde **1** 2 3 4 5 6 7 8 9 10 11 12

Vorbereitung keine

Material keines

Stundenablauf

1| Bitten Sie die SchülerInnen an einem Experiment teilzunehmen.

2| Führen Sie das Experiment durch, ohne dass die SchülerInnen von dem Beginn wissen. Sie machen an 4 SchülerInnen jeweils eine Mitteilung, z.B.:

1. *Peter! Der Schulleiter möchte dich nach dieser Stunde sprechen. Melde dich bitte gleich bei ihm!*
2. *Sabine! Leider muss noch ein Mädchen in die Nachbarklasse verlegt werden. Wir haben dich dafür ausgesucht. Ab morgen gehst du in die 5b!*
3. *Sascha! Ich habe dich die letzte Zeit genau beobachtet und muss sagen, dass ich sehr zufrieden mit dir bin!*
4. *Yvonne! Kannst du bitte für die nächsten 5 Minuten deinen Arm nach oben strecken? Ich sage dir, wann die Zeit vorbei ist.*

WICHTIG! Der Schüler Peter und die Schülerin Sabine müssen emotional ausgeglichen und psychisch belastbar sein. Stellt sich heraus, dass die Belastung für den jeweiligen Schüler zu stark ist, so muss das Experiment sofort abgebrochen werden!

Der Schüler *Sascha* muss das Lob auch wirklich verdienen. Falls Bedenken bezüglich der beiden ersten Mitteilungen bestehen, bietet sich folgende Alternative an:

Der gesamten Klasse wird mitgeteilt, dass in der folgenden Unterrichtsstunde eine unangekündigte Klassenarbeit im Fach XY geschrieben wird.

Andere – ähnlich betroffen machende – Mitteilungen sind je nach Situation in der Klasse möglich (z.B. *zwei Wochen Hofdienst* u.Ä.).

3| Fragen Sie die Klasse, was an *Yvonne* auffällt. Fragen Sie *Yvonne*, wie sie sich fühlt.

4| Teilen Sie danach allen vier SchülerInnen mit, dass sie an einem Experiment teilgenommen haben. **Vor allem den beiden ersten SchülerInnen muss ganz deutlich gemacht werden, dass die Ankündigungen nicht stimmen!** Dem Schüler *Sascha* wird mitgeteilt, dass in seinem Fall die Mitteilung ernst gemeint war! Danach werden sie nach ihren Gefühlen befragt und bekommen ausreichend Gelegenheit diese zu schildern. Auch die Klasse beschreibt ihre Beobachtungen.

„Wir lernen uns kennen“

Auseinandersetzung mit Selbstkonzepten

Gefühle ordnen

Unterrichtsstunde 1 **2** 3 4 5 6 7 8 9 10 11 12

Vorbereitung

- Arbeitsblätter auf Plakatgröße kopieren

Material

- sechs Arbeitsblätter „starke Gefühle – schwache Gefühle“ als Vergrößerung
- Arbeitsblatt „starke Gefühle – schwache Gefühle“ im Klassensatz
- Arbeitsblatt „Gefühlskarten“ als Vergrößerung
- Arbeitsblatt „Gefühlskarten“ (Anzahl je nach Gruppengröße)

Stundenablauf

1| Die Klasse wird in sechs möglichst gemischte Gruppen aufgeteilt. Die Gruppen setzen sich an Gruppentischen zusammen.

2| Teilen Sie an jede Gruppe je eine Vergrößerung (mindestens DIN A3) des Arbeitsblattes „starke Gefühle – schwache Gefühle“ sowie des Arbeitsblattes „Gefühlskarten“ aus. → S. 27/28

3| Erklären Sie nun die Arbeitsweise mit diesen Materialien.
1. Schneidet die Gefühlskarten aus und ordnet sie auf dem Plakat nach ihrer Intensität.
2. Ist euch die Bedeutung einzelner Gefühle unklar, so fragt andere Gruppen, die ihre Arbeit schon beendet haben oder mich.

4| Hat sich eine Gruppe geeinigt, werden die Gefühlskarten aufgeklebt.

5| Sollte genügend Zeit zur Verfügung stehen, bekommt jedes Mitglied der Gruppe ein Arbeitsblatt im DIN-A4-Format, um sich das Ergebnis der Gruppenarbeit für den eigenen Ordner zu kopieren.

6| Im Sitzkreis werden die Ergebnisse der einzelnen Gruppen vorgestellt. Dabei begründet jede Gruppe ihre Entscheidung und macht die Schwierigkeiten beim Ordnen deutlich.
An dieser Stelle besteht die Möglichkeit, einzelne Gefühle darstellen zu lassen, um sie jedem deutlich zu machen.

7| Die Plakate werden in der Klasse gut sichtbar aufgehängt.

8| Hausaufgabe:
Sammelt Bilder aus Zeitschriften oder Comics, die bestimmte Gefühle darstellen.

Starke Gefühle – schwache Gefühle

Arbeitsaufträge für die Gruppe

1. Schneidet die „Gefühlskarten“ sauber aus.
2. Entscheidet in der Gruppe, in welcher Reihenfolge die Karten an die Wäscheleine gehängt werden sollen.
   Beachtet dabei, dass das „schwächste“ Gefühl links und das „stärkste“ Gefühl rechts hängen soll.
3. Klebt die „Gefühlskarten“ in der Reihenfolge auf, die die Gruppe entschieden hat.

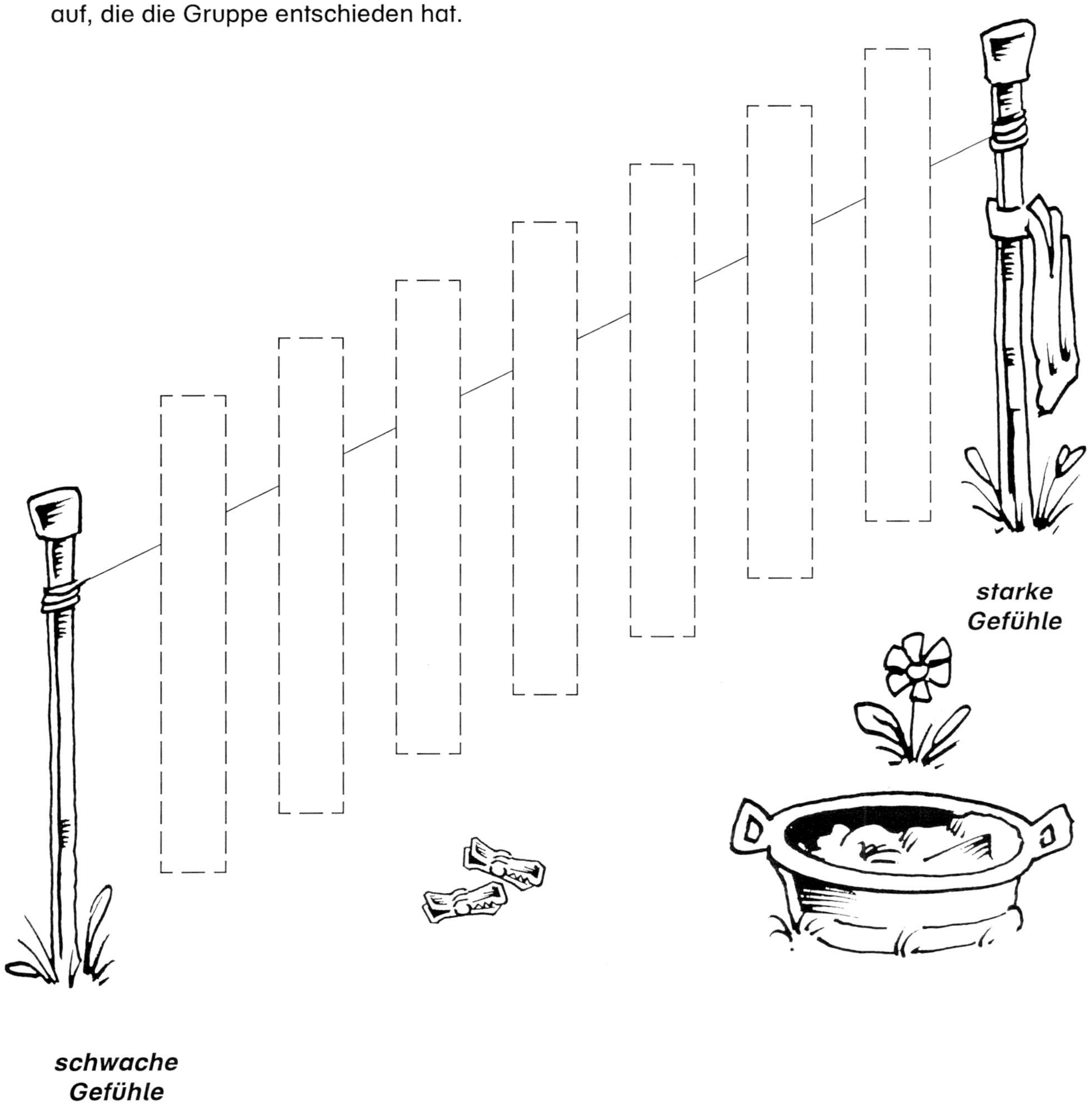

Gefühlskarten

1. Gruppe:

- zufrieden
- froh
- strahlend
- fröhlich
- ausgelassen
- begeistert
- unbeschwert

2. Gruppe:

- beunruhigt
- verzweifelt
- aufgedreht
- erschrocken
- nervös
- gereizt
- ängstlich

3. Gruppe:

- verwirrt
- ärgerlich
- verärgert
- reizbar
- beleidigt
- wütend
- zornig

4. Gruppe:

- unzufrieden
- bedrückt
- geknickt
- niedergeschlagen
- gelangweilt
- enttäuscht
- traurig

5. Gruppe:

- munter
- interessiert
- eifrig
- gespannt
- begeistert
- heiter
- aufgeregt

6. Gruppe:

- unsicher
- unbehaglich
- gereizt
- betroffen
- beunruhigt
- verunsichert
- besorgt

„Wir lernen uns kennen“
Auseinandersetzung mit Selbstkonzepten

Gefühle erkennen

Unterrichtsstunde 1 2 **3** 4 5 6 7 8 9 10 11 12

Vorbereitung

- acht DIN-A3-Blätter mit den „Gefühle-Schildern“ bekleben
- Zusätzliches Bildmaterial (vgl. Hausaufgaben der 2. Std.) für den 2. Teil der Unterrichtsstunde sollte bereitgestellt werden.

Material

- eine Kopie des Arbeitsblattes „Gefühle darstellen“
- acht mit „Gefühle-Schildern“ beklebte Plakate
- Schere, Klebstoff
- Arbeitsblatt „Jeder fühlt sich ein bisschen anders“ im Klassensatz

Stundenablauf

1. Teil

1| Die Klasse teilt sich in dieselben sechs Gruppen wie in der letzten Unterrichtsstunde auf.

2| Jede Gruppe bekommt eine Aufgabenkarte zu „Gefühle darstellen“ mit dem Arbeitsauftrag, die beiden Gefühle auf der Karte so darzustellen, dass die Klasse sie erkennen kann. → S. 30

3| Die Gruppen erarbeiten in fünf Minuten eine geeignete Darstellungsform für die zugewiesenen Gefühle.
Unter Umständen müssen Sie bei einzelnen Begriffen helfen.

4| Im Stuhlkreis stellen die Gruppen ihre Begriffe dar.
Die übrigen SchülerInnen erraten die Begriffe.
Entscheidend ist die Verbalisierung der wichtigsten Kennzeichen.

2. Teil

1| Der weitere Stundenablauf wird besprochen.
Die SchülerInnen halten ihre gesammelten Bilder (Hausaufgabe) und Klebstoff bereit.

2| In der Klasse werden acht Tische so aufgestellt, dass sie von allen Seiten zugänglich sind. Auf jeden Tisch kommt ein mit einem „Gefühle-Schild“ beklebtes Plakat. → S. 31

3| Die SchülerInnen gehen mit ihren Bildern und Klebstoff an alle Thementische und kleben ihre Bilder zu den dazu passenden Schildern. Um einen großen Andrang an den Tischen zu vermeiden, gibt es jedes Schild doppelt.

4| Nach der gemeinsamen Betrachtung werden die Plakate in der Klasse aufgehängt.

Alternative zum 2. Teil

1| Die SchülerInnen bekommen das Arbeitsblatt „Gefühle erkennen“ und bearbeiten es in Stillarbeit. Als mögliche Hilfe wird den SchülerInnen vorgeschlagen, die Mimik und Gestik der Kinder nachzumachen, um die Gefühle besser erkennen zu können. → S. 32

2| Mit ihrem Sitznachbarn vergleichen die SchülerInnen ihre Ergebnisse und begründen jeweils ihre eigene Beschriftung.

3| Im Klassengespräch werden die Ergebnisse besprochen.
Zu beachten ist, dass es vielfältige Interpretationsmöglichkeiten der einzelnen Gesichter gibt.

4| Hausaufgabe:
Arbeitsblatt „Jeder fühlt sich ein bisschen anders“ → S. 33

Gefühle darstellen

Stellt die beiden Gefühle so dar, dass die Klasse sie erkennen kann.

verzweifelt
nervös

Stellt die beiden Gefühle so dar, dass die Klasse sie erkennen kann.

beleidigt
wütend

Stellt die beiden Gefühle so dar, dass die Klasse sie erkennen kann.

zufrieden
begeistert

Stellt die beiden Gefühle so dar, dass die Klasse sie erkennen kann.

unsicher
gereizt

Stellt die beiden Gefühle so dar, dass die Klasse sie erkennen kann.

gelangweilt
traurig

Stellt die beiden Gefühle so dar, dass die Klasse sie erkennen kann.

interessiert
begeistert

Gefühle-Schilder

Gefühle erkennen

- Schreibe auf, welche Gefühle die abgebildeten Kinder wohl haben!

(Abbildungen aus: Reichling, U. (Ideen/Texte)/Wolters, D. (Illustr.): Hallo, wie geht es dir?, Mülheim: Verlag an der Ruhr 1994)

Jeder fühlt sich ein bisschen anders

- Überlege dir, wie du dich in den folgenden Situationen fühlst. Dabei kann dir eine kleine Auswahl von Gefühlen helfen: begeistert, glücklich, zufrieden, selbstsicher, dankbar, stolz, erleichtert, in Topform, traurig, enttäuscht, hilflos, verzweifelt, wütend, genervt, kaputt, ängstlich, unentschlossen, müde, gleichgültig, gelangweilt.
- Vielleicht fallen dir noch ganz andere Beschreibungen ein!

Wie fühlst du dich, wenn ...

- der Wecker zum Aufstehen klingelt? ____________________
- du einen spannenden Film ansiehst? ____________________
- deine Schultasche noch nicht gepackt ist? ____________________
- dein Freund oder deine Freundin zu dir hält? ____________________
- du vor der Klasse etwas vortragen sollst? ____________________
- du größer bist als deine Mutter? ____________________
- du im Sport mit deiner Mannschaft verlierst? ____________________
- du die Nacht bei Freunden verbringen darfst? ____________________
- die Ferien zu Ende gehen? ____________________
- dich jemand belogen hat? ____________________
- es zu Hause dein Lieblingsessen gibt? ____________________
- du merkst, dass du krank wirst? ____________________
- dich jemand auslacht? ____________________
- dein Lehrer dich vor der Klasse lobt? ____________________
- du dich vor einer Klassenfahrt von deinen Eltern verabschiedest?
  ____
- du nach einem Sonnentag aus dem Schwimmbad nach Hause kommst?
  ____
- du zu Hause von einem Erlebnis berichten willst und keiner dir zuhört?
  ____

„Wir lernen uns kennen“

Auseinandersetzung mit Selbstkonzepten

Ein-fühlen können

Unterrichtsstunde 1 2 3 **4** 5 6 7 8 9 10 11 12

Vorbereitung

- Situationskarten vergrößern und auch in normaler Größe kopieren und ausschneiden.

Material

- vergrößerte Situationskarten
- 3 normale Kopien der Situationskarten
- Arbeitsblatt „Ein Tag voller Gefühle“ im Klassensatz
- Klebstoff

Stundenablauf

1. Teil

1| Die Hausaufgabe „Jeder fühlt sich ein bisschen anders“ wird besprochen. Jeweils ein Schüler liest einen Satz und beschreibt sein Gefühl.

Alternative Lösungen können von KlassenkameradInnen vorgetragen werden. Anschließend gibt der vortragende Schüler das Wort an einen Mitschüler weiter, der mit dem nächsten Satz fortfährt.

Zu beachten ist, dass es bei der Lösung der Hausaufgabe einen großen Interpretationsspielraum gibt und jede Empfindungen ihre Berechtigung hat.

2. Teil

1| Die Klasse teilt sich in Dreiergruppen auf. Diese setzen sich an jeweils einen Tisch und halten Schreibzeug bereit.

2| Erklären Sie der Klasse die Vorgehensweise an einem Beispiel:

Situation: *Du kommst zu spät zum Erdkundeunterricht.*

Mögliche Reaktionen:

1. Du hast Angst vom Lehrer ausgemeckert zu werden.

2. Du bist froh, weil du Erdkunde sowieso nicht magst.

3. Es ist dir peinlich, vor der ganzen Klasse eine Erklärung abzugeben.

3| Jede Gruppe zieht zwei vergrößerte Situationskarten (Kopien für jeden Schüler bereithalten!). Sie hat die Aufgabe, jeweils drei mögliche Gefühle und die Gründe dafür zu nennen, die jemand bei diesen Situationen haben kann.

Dabei ist darauf zu achten, dass möglichst positive und negative Gefühle in Betracht gezogen werden. Bei Bedarf können Sie Hilfen geben. → S. 35

4| Alle Gruppenmitglieder nehmen sich die beiden Situationskarten (normale Kopie), kleben sie in ihren Hefter und schreiben ihre Lösungen darunter.

5| **Auswertung:** Im Sitzkreis werden die Karten vorgelesen und über die Gefühle und die möglichen Gründe berichtet. Dabei kann herausgearbeitet werden,

- dass Gefühle normal sind,
- dass unterschiedliche Menschen in gleichen Situationen unterschiedliche Gefühle haben können,
- dass Gefühle, die wir nicht verstehen, respektiert werden müssen,
- dass es im Gespräch mit Freunden die Möglichkeit gibt, „negative“ Gefühle durch eine andere Sichtweise in „positive“ Gefühle zu ändern.

Alternative zum 2. Teil oder Ergänzung

6| In Einzelarbeit füllen die SchülerInnen das Arbeitsblatt „Ein Tag voller Gefühle“ aus. → S. 36

7| **Auswertung:** siehe oben

Situationskarten

Welche Gefühle hat Seyhan? Warum?

Seyhan muss mit ihrer Familie demnächst in ihr Heimatland umziehen.

Welche Gefühle hat Christian? Warum?

Christian hat eine schwierige Mathematikaufgabe alleine gelöst.

Welche Gefühle hat Sascha? Warum?

Als Sascha mit seinen Freunden Spagetti isst, tropft ihm Tomatensoße auf sein weißes T-Shirt.

Welche Gefühle hat Florian? Warum?

Ein Klassenkamerad lädt Florians Freund zu einer Fete ein, ihn aber nicht.

Welche Gefühle hat Anna? Warum?

Eine Freundin bittet Anna, ihr etwas beizubringen, was sie gut kann.

Welche Gefühle hat Yvonne? Warum?

Yvonnes beste Freundin spricht auf einmal nicht mehr mit ihr.

Welche Gefühle hat Andrea? Warum?

Im Bus zeigt jemand auf Andrea und lacht laut.

Welche Gefühle hat Sebastian? Warum?

Sebastians Großmutter ist sehr krank.

Welche Gefühle hat Anita? Warum?

Anita bekommt am Morgen vor dem Klassenfest hohes Fieber.

Welche Gefühle hat Sven? Warum?

Svens kleine Schwester bekleckert sein Bioheft am Abend, bevor er es abgeben muss.

Welche Gefühle hat Marco? Warum?

Bei einem Sportwettkampf erkämpft Marco sich den zweiten Platz.

Welche Gefühle hat Dustin? Warum?

Dustin möchte gerne in eine Jugendgruppe eintreten, wird aber nicht aufgenommen.

Welche Gefühle hat Diane? Warum?

Diane findet einen Zwanzigmarkschein.

Welche Gefühle hat Katrin? Warum?

In der Klasse tratscht jemand über Katrin.

Welche Gefühle hat Jessika? Warum?

Die Person, die Jessika am liebsten mag, mag jemanden anderen lieber.

Welche Gefühle hat Thomas? Warum?

Thomas kann sich die Schuhe, die alle seine Freunde haben, nicht leisten.

Welche Gefühle hat Michael? Warum?

Jemand aus der Klasse sagt, Michael würde nur Sachen aus der Kleidersammlung tragen.

Welche Gefühle hat Tanja? Warum?

Tanjas Lieblingslehrer sagt vor der ganzen Klasse, dass sie heute besonders nett aussiehst.

Welche Gefühle hat Sylvia? Warum?

In der Schule bemerkt Sylvia plötzlich ein Loch in ihrer Hose

Welche Gefühle hat Björn? Warum?

Als Björn seinem besten Freund etwas erzählt, hören plötzlich alle zu.

Welche Gefühle hat Maik? Warum?

Ein Lehrer bittet Maik, für fünf Minuten die Aufsicht in der Klasse zu übernehmen.

Welche Gefühle hat Bastian? Warum?

Bastians Freunde meinen, er könnte ein guter Klassensprecher sein.

Welche Gefühle hat Jasmin? Warum?

Bei einem Familientreffen gibt Jasmins Mutter mit den Leistungen ihrer Tochter an.

Welche Gefühle hat Maurizio? Warum?

Maurizio verliert sein Portmonee mit dem Taschengeld für den nächsten Monat.

Ein Tag voller Gefühle

- Lies die Geschichte und schreibe in die Textlücken, wie sich Sebastian jeweils fühlt!

Der Wecker klingelt: 6.30 Uhr!! Sebastian findet die Taste zum Abstellen. Er rekelt und streckt sich. Die Sonne blendet ihn. Er fühlt sich ________________ . Sebastian trödelt beim Waschen und Anziehen. Sein Lieblings-T-Shirt ist schmutzig. Er muss ein anderes anziehen. Sebastian fühlt sich ________________ . Seine Schulsachen hat er noch nicht gepackt. „Sebastian, es ist schon spät!", ruft seine Mutter. „Beeil dich!" Sebastian fühlt sich ________________ .

Gegen 7.30 Uhr verlässt er die Wohnung. Von weitem sieht er Steffi. Sie ist nett und er geht manchmal mit ihr zusammen zur Schule. „Wir haben heute Nachmittag um 3 ein Fußballspiel. Hast du Lust zuzuschauen?", fragt er sie. Steffi überlegt kurz und sagt dann: „Wenn es beim Zahnarzt schnell geht, komme ich bestimmt!" Sebastian fühlt sich ________________ .

In der zweiten Stunde kommt der Englischtest. Die Vokabeln hat er gut gelernt. Doch Frau Stuart ist sehr streng. Nach dem Austeilen der Blätter sagt sie: „Ihr habt genau 10 Minuten Zeit, nicht länger. Wenn einer zum Nachbarn schaut, ist das ein Täuschungsversuch - sechs!" Sebastian fühlt sich ________________. In der sechsten Stunde bekommt er die Mathearbeit zurück. Mathe ist nicht seine Stärke. Sein Heft wird zuletzt zurückgegeben. Er fühlt sich ________________ . Herr Müller sagt: „Sebastian, das ist dir diesmal recht gut gelungen. Drei plus! Prima, mach weiter so!" Sebastian fühlt sich ________________ .

Zu Hause muss er sich sein Mittagessen alleine warm machen. Er würde gerne jemandem von der Mathearbeit erzählen. Er fühlt sich ________________ . Auf dem Sportplatz sind schon einige Zuschauer versammelt. Bei der Begrüßung der beiden Mannschaften flüstert ihm sein Gegenspieler Florian aus der 5b zu: „Ihr habt keine Chance. Wir putzen euch vom Platz!" Sebastian fühlt sich ________________ . Kurz vor Spielende dribbelt Sebastian auf den Strafraum zu. Von hinten tritt ihm ein Gegenspieler mit voller Wucht in die Beine. Sebastian fällt und schürft sich dabei das Knie auf. Er fühlt sich ________________ . Auf dem Heimweg mit seinen Freunden schiebt sich plötzlich Steffi neben ihn. „Das Foul an dir war gemein", sagt sie. „Du hast gut gespielt!" Sebastian fühlt sich ________________ .

Zu Hause angekommen macht er Schularbeiten. Nach dem Abendessen fragt er seine Mutter: „Kann ich noch was raus?" „Bitte sei aber um neun wieder da", antwortet seine Mutter und Sebastian fühlt sich ________________ . Vor dem Einschlafen packt er seine Schulsachen. Sein Lieblings-T-Shirt ist wieder frisch. Sebastian fühlt sich ________________ und schläft bald ein.

„Wir lernen uns kennen"

Auseinandersetzung mit Selbstkonzepten

Wer bin ich?

Unterrichtsstunde 1 2 3 4 **5** 6 7 8 9 10 11 12

Vorbereitung

keine

Material

- Arbeitsblatt/Folie „Was sagen andere Menschen über dich?"

Stundenablauf

1| Legen Sie zu Beginn der Stunde die Folie des Arbeitsblattes „Was sagen andere Menschen über dich?" auf den OH-Projektor und schreiben Sie in einige leere Sprechblasen Sprüche, die Sie oft von anderen über sich zu hören bekommen. Dabei sollten Sie sich bemühen, ehrliche Aussagen über die eigene Person und keine fiktiven Sprüche zu notieren.

2| Geben Sie der Klasse das Arbeitsblatt mit folgendem Arbeitsauftrag: → S. 38

1. Schreibe auf, was andere Menschen über dich sagen.

2. Beginne alle Sprüche mit: „Du kannst ..." oder „Du bist ...".

3| Diese Satzanfänge können Sie auch zur Erinnerung an die Tafel schreiben.

4| Die SchülerInnen erhalten das Arbeitsblatt und bearbeiten es in Stillarbeit.

5| Im Partnergespräch tauschen sich die SchülerInnen über die Ergebnisse aus.

6| Im Stuhlkreis wird schließlich über folgende Fragen diskutiert:

* *Wer sagt euch meistens diese Sprüche?*
* *Welche Sprüche machen euch besonders froh?*
* *Welche Sprüche machen euch besonders traurig?*
* *Glaubt ihr diese „Sprüche"?*
* *Was macht ihr, wenn ihr über einen „Spruch" froh, traurig, wütend, ... seid?*
* *Gibt es ähnliche Sprüche bei euren GesprächspartnerInnen/KlassenkameradInnen?*

7| Wichtig ist, sich Zeit zu lassen und die SchülerInnen in ihren Schilderungen ernst zu nehmen.

8| In manchen Fällen ist es günstig, die „Sprüche" im Rollenspiel darstellen zu lassen. So können Untertöne (z.B. Ironie) leichter verdeutlicht werden.

Selbstbildnis

Unterrichtsstunde 1 2 3 4 5 **6** 7 8 9 10 11 12

Vorbereitung

Für jeden Schüler wird ein DIN-A5-Blatt vorbereitet

Material

- Arbeitsblatt „So sehe ich aus"
- Kassettenrekorder
- meditative Musik

Stundenablauf

1| Laden Sie die Klasse zu einer Stilleübung ein und schildern Sie den geplanten Stundenverlauf. Teilen Sie die Blätter „So sehe ich aus" aus, lassen Sie die SchülerInnen Buntstifte bereitlegen und weisen Sie darauf hin, dass bei den zu malenden Bildern *keine fotorealistische Wiedergabe* erwartet wird. Vielmehr soll das Wesentliche gefunden und dargestellt werden. Dabei bildet die vorgegebene Kontur (siehe übernächste Seite) eine Orientierungshilfe für die SchülerInnen. Abschließend erklären Sie die richtige Sitzhaltung und warten, bis die Klasse zur Ruhe gekommen ist. → S. 39

2| Führen Sie die Meditation „Spiegelbild" durch (Musik) → S. 40

3| Hinweise für die Durchführung der Meditation finden Sie auf Seite 22.

4| Die SchülerInnen zeichnen ein möglichst blattfüllendes Bild von sich (Musik).

5| Hausaufgabe: Fertigstellung der Selbstbildnisse

Was sagen andere Menschen über dich?

So sehe ich aus:

eine Wir werden Klassengemeinschaft

So sehe ich aus:

© Verlag an der Ruhr, Postfach 10 22 51, 45422 Mülheim an der Ruhr

39

Spiegelbild

Meditation

Schließt die Augen und konzentriert euch ganz stark auf eure Atmung. Achtet nur auf die Luft, die in euren Körper fließt ... und wieder ausströmt. Während ihr atmet, stellt euch vor, dass euer Körper mit jedem Ausatmen immer entspannter wird.

(Pause)

Stell dir jetzt vor, dass du ohne Furcht durch einen schönen Wald läufst ... In der Ferne siehst du einen kleinen See durch die Bäume schimmern. Du näherst dich dem See ... und betrittst einen kleinen Holzsteg. Dort setzt du dich hin und betrachtest das ruhige Wasser ..., das Schilfrohr ..., die Seerosen in der Mitte des Sees ..., die bunten Libellen, die wie fliegende Edelsteine aussehen ..., die Bäume am Ufer ... Die Sonne scheint und dir ist wohlig warm.

Im Hintergrund vernimmst du die Geräusche des Waldsees: Vogelgezwitscher und Blätterrauschen, Schwirren der Insekten und Quaken eines Frosches ... Du hast eine schöne Stelle gefunden und fühlst dich sehr wohl ... Nach einer Weile schaust du in das Wasser an dem Steg und entdeckst dein Spiegelbild. Du betrachtest es ... Was siehst du?

(Pause)

Plötzlich zwinkert dir dein Spiegelbild zu. Du schaust es dir genau an. Was sind das für Augen? Sind sie blau oder grün, braun oder rot, groß oder klein? ... Das Spiegelbild lacht dich an und du lachst zurück.

Was ist das für ein Lachen? Das ganze Gesicht lacht: die Augen und der Mund ... Wie sieht der Mund aus und wie die Lippen? ... Es ist ein fröhliches Gesicht. Du siehst dir jetzt die Haare genauer an: Welche Farbe haben sie? Sind sie ordentlich gekämmt oder wuschelig durcheinander, lang oder kurz, glatt oder gelockt? ...

Dein Spiegelbild dreht sich nun ein wenig. So kannst du die Nase viel besser sehen ... und auch die Ohren ... Ihr schaut euch gegenseitig an und seid zufrieden ...

Jetzt zwinkerst du deinem Spiegelbild zum Abschied noch einmal zu. Du verlässt diesen zauberhaften See und kommst hierher zurück. Du behältst alle Einzelheiten deines Spiegelbildes in deinem Gedächtnis.

Ich werde gleich bis zehn zählen. Zählt bitte mit, wenn ich bei sechs angelangt bin, und öffnet eure Augen bei zehn. Ihr fühlt euch dann entspannt und seid hellwach.

Eins ... zwei ... drei ... ... neun ... zehn. Streckt und reckt euch nun.

Steckbrief erstellen

Unterrichtsstunde 1 2 3 4 5 6 **7** 8 9 10 11 12

Vorbereitung

- Plakate für die Klassengalerie

Material

- Arbeitsblatt „Steckbrief“
- Plakate für die Klassengalerie
- Klebstoff

Stundenablauf

1| Sammeln Sie die fertig gestellten Selbstbildnisse ein.

2| Teilen Sie das Arbeitsblatt „Steckbrief“ aus und kündigen Sie ein **Detektivspiel** an. Die Vorgehensweise wird – eventuell mit Tafelanschrieb – genau erklärt. → S. 42

3| Die SchülerInnen füllen den Steckbrief mit ihren Daten und Angaben (ohne Namen) aus. Diese müssen der Wahrheit entsprechen.

4| Die ausgefüllten Steckbriefe werden eingesammelt und gemischt.

5| Die Klasse teilt sich in Vierergruppen auf. Jede Gruppe bekommt zufällig vier Steckbriefe. Sind eigene Gruppenmitglieder dabei, so werden diese zurückgelegt und gegen neue Blätter ausgetauscht.

6| Die Gruppe hat die Aufgabe, die beschriebenen SchülerInnen zu identifizieren. Ist das geschehen, so wird mit Bleistift der Name eingetragen und nach einem vereinbarten Zeichen offen ausgelegt.

Während dieser Zeit haben Sie Gelegenheit, die Selbstbildnisse (Hausaufgabe) auf vorbereitete Pakate zu kleben und in der Klasse auszuhängen.

7| Alle SchülerInnen gehen durch die Klasse und suchen ihren Steckbrief. Sie nehmen ihn an sich, wenn ihre Identität erkannt worden ist.

8| Nicht identifizierte Steckbriefe werden von der gesamten Klasse bearbeitet.

9| Im Stuhlkreis wird anschließend über die Bedeutung des Ratespiels gesprochen. Dabei werden z.B. folgende Fragen erörtert:

* *Wie hat euch das Detektivspiel gefallen?*

* *Gab es beim Ausfüllen Schwierigkeiten?*

* *Habt ihr etwas Neues über euch oder andere erfahren?*

* *Was sagen wohl andere (z.B. Eltern) über den Steckbrief?*

Steckbrief

Gesucht wird

....

Besondere Merkmale

So sieht die Person aus: ____________________

____

____

____

____

Das macht die Person am liebsten in ihrer freien Zeit: ____

____

____

____

Besonders gerne ist die Person zusammen mit: ____________

____

____

____

Damit hat die Person manchmal Schwierigkeiten: ____________

____

____

____

Das wäre ein großer Wunsch der Person: ____________

____

____

____

____

PROJEKT 2

„Wir lernen uns kennen“
Auseinandersetzung mit Selbstkonzepten

positive Selbsteinschätzung

Unterrichtsstunde 1 2 3 4 5 6 7 **8** 9 10 11 12

Vorbereitung

keine

Material

- Arbeitsblatt „Ich bin super!“
- Karten im Postkartenformat
- Namenskarten

Stundenablauf

1| Erinnern Sie die SchülerInnen daran, dass jeder Mensch **Stärken und Fähigkeiten** hat, auf die er stolz sein kann. Fordern Sie die SchülerInnen auf zu überlegen, worauf sie stolz sein können und bittet Sie sie, diese Stärken oder Fähigkeiten in das folgende Arbeitsblatt „Ich bin super!“ einzutragen. → S. 44

2| Um den SchülerInnen die Scheu zu nehmen, eigene Stärken zu nennen, erklären Sie das Ausfüllen mit Hilfe eigener Beispiele.

3| Die SchülerInnen füllen in Stillarbeit das Arbeitsblatt aus.

4| In Kleingruppen werden die Eintragungen vorgestellt. Dabei sollen die SchülerInnen beraten, welche beiden Eigenschaften jeweils besonders wichtig sind.

5| Im Stuhlkreis stellt jeder Schüler seine von der Kleingruppe favorisierten Eintragungen der Klasse vor. Die Reihenfolge ist zufällig. Jeder Vortrag wird mit Applaus bedacht.

6| Hausaufgabe: Die SchülerInnen werden aufgefordert, den für sie wichtigsten Punkt auszuwählen. Diesen sollen sie auf eine Karte (Postkartenformat) übertragen und sehr schön gestalten.

positives Klassenbild

Unterrichtsstunde 1 2 3 4 5 6 7 8 **9** 10 11 12

Vorbereitung

keine

Material

- Plakatkarton
- Klebstoff

Stundenablauf

1| Im Stuhlkreis stellt jeder Schüler seine Karte (siehe Hausaufgabe) vor und legt sie anschließend in die Mitte.

2| Gemeinsam wird untersucht,

a) welche Fähigkeiten/Stärken besonders häufig auftreten,

b) in welche Bereiche sich die Fähigkeiten einteilen lassen (Kopf/Herz/Hand) und

c) wie bestimmte Fähigkeiten bewertet werden.

Dabei ist darauf zu achten, dass kein Schüler negativ kommentiert wird. Jeder muss sicher sein können, dass seine Stärke unangetastet bleibt.

3| Gemeinsam wird versucht, eine „Pyramide der Stärke“ zu errichten. Dazu werden die Karten so gelegt, dass Fähigkeiten, die die SchülerInnen als grundlegend bewerten, die Basis der Pyramide bilden.

4| Die Karten werden in dieser Anordnung auf Plakatkarton geklebt und in der Klasse aufgehängt.

Ich bin super

Das finde ich gut an mir:

„Wir lernen uns kennen"

Auseinandersetzung mit Selbstkonzepten

Vertrauen gewinnen

Unterrichtsstunde 1 2 3 4 5 6 7 8 9 **10** 11 12

Vorbereitung

- Stuhlkreis mit großer freier Fläche

Material

- Augenbinden

Stundenablauf

1| Für diese Unterrichtseinheit sind verschiedene Übungen vorgesehen, in denen das Vertrauen der SchülerInnen untereinander aufgebaut bzw. verstärkt wird. → B7-10

2| Erfahrungsgemäß finden zunächst nicht alle SchülerInnen den Mut diese Übungen mitzumachen. Das Prinzip der Freiwilligkeit sollte aber unter allen Umständen gewahrt bleiben.

3| Einige SchülerInnen könnten Schwierigkeiten mit Körperkontakten haben. In diesem Falle sollte das Problemfeld behutsam, aber offen angesprochen und um Verständnis bei den MitschülerInnen geworben werden. Tabuzonen sind auf jeden Fall zu beachten. Mädchen sollten bei einigen Übungen die Arme vor der Brust verschränken.

4| Nach jeder Übung bieten sich *kurze* Austauschphasen an, in denen die Erfahrungen der TeilnehmerInnen verbalisiert werden und dadurch anderen SchülerInnen Mut gemacht wird, sich ebenfalls auf eine solche Übung einzulassen.

Mögliche Fragestellungen sind z.B.:

* *Wie hat mir diese Übung gefallen?*
* *Konnte ich mich auf meine Klassenkameraden verlassen?*
* *Wurde mein Vertrauen bestätigt oder enttäuscht?*
* *Welches Verhalten machte für mich ein Einlassen auf die Übung schwierig?*

Vertrauen erfahren

Unterrichtsstunde 1 2 3 4 5 6 7 8 9 10 **11** **12**

Vorbereitung

- Aufbau des Parcours nach Anleitung
- Elternmithilfe für Aufsicht/**Hilfestellung klären**
- Falls eine „peer-leader"-Gruppe an der Schule besteht, kann auf die Mitarbeit dieser Gruppe zurückgegriffen werden.

Material

siehe Übungsbeschreibung u.a.:

- Augenbinden
- unterschiedliche Seile
- Spanngeräte

Stundenablauf

1| Für diese Unterrichtseinheit wird eine Doppelstunde empfohlen. → B13

2| Die Übung „Senso-Seil-Parcours" wird nach Anleitung durchgeführt.

3| Da die Sicherheitsanforderungen hoch und die technischen Kenntnisse (z.B. beim Spannen der Seile) sehr speziell sind, empfiehlt es sich, den Rat und die Hilfe eines erfahrenen Kollegen oder Fachmannes in Anspruch zu nehmen.

„Schule bei Nacht"

mögliche Weiterarbeit

Hinweis

Das Projekt kann mit den beiden Aktionen *„Schule bei Nacht", „Maskenwand"* weitergeführt oder abgeschlossen werden. Beide Möglichkeiten beinhalten eine Vertiefung des aufgebauten Vertrauensverhältnisses und eine Stärkung des Gruppengefühls. Sie sind daher ein idealer Übergang zum dritten Projekt *„Als Gruppe handeln"*, dabei jedoch auch sehr zeitintensiv. Beide Einheiten lassen sich ohne großen organisatorischen und finanziellen Aufwand kurzfristig durchführen. Es ist sinnvoll als Zeitpunkt einen Freitag in den Wintermonaten zu wählen, da es dann rechtzeitig sehr dunkel ist. Anlass könnte ein Halbjahresabschluss sein.

Vorbereitung

a

geeigneter Weg: Suchen Sie mit Hilfe des Stadtplanes 1 und den Empfehlungen ortskundiger Kollegen eine geeignete Wanderstrecke aus. Sie sollte

* *ca. 4-6 km von der Schule entfernt sein,*
* *mit öffentlichen Verkehrsmitteln leicht zu erreichen sein,*
* *dunkle (unheimliche) Streckenabschnitte beinhalten (z.B. Park, Wald, einsame Straßen).*

Gehen Sie diesen Weg bei Helligkeit ab und achten Sie auf eventuelle Gefahrenstellen und Möglichkeiten für weitere Aktionen („Gespensterüberfall"). Denken Sie daran, dass Sie diesen Weg bei Dunkelheit wieder finden müssen. Besorgen Sie die Fahrkarten bis zum Ausgangspunkt der Nachtwanderung und notieren Sie sich die Abfahrtszeiten.

b

Räume: Suchen Sie einen geeigneten Schlafraum für die Klasse aus. Denken Sie an geeignete Waschgelegenheiten (Toiletten oder Turnhalle). Die Schulküche dient zum Zubereiten und Verzehren der Mahlzeiten. Schulleiter und Hausmeister sollten Sie rechtzeitig informieren.

c

Elterninformation: Im Rahmen einer Klassenpflegschaftssitzung sollten Sie das Vorhaben den Eltern vorstellen und mit ihnen gemeinsam Einzelheiten (z.B. Verpflegung, Wegführung, besondere Aktionen) planen, denn deren Mitarbeit ist Voraussetzung für das Gelingen der Aktion. Es mangelt erfahrungsgemäß nicht an der Bereitschaft zur Mithilfe. Sie ist in dem vorliegenden Vorschlag erforderlich beim Verstecken der Puzzleteile, der Aufsichtsführung beim Stadtspiel und eventuell bei der Verpflegung. Der Elternbrief (siehe Muster) sollte frühzeitig verschickt werden. → S. 49

d

Stadtspiel: Von markanten und/oder auffälligen Punkten der Schulumgebung werden Detailfotos gemacht, die möglichst mit Folie geschützt werden sollten. Ein Puzzle (siehe Vorschlag) wird vergrößert, auf Pappe geklebt, in die Puzzleteile zerschnitten und ebenfalls mit Folie überklebt.

- *Beispiel von Detailfotos aus der Stadt (links)*
- *Vorschlag eines Puzzels (rechts)*

e

Kostenrahmen: Es ist mit ca. 10 DM pro Schüler zu rechnen.

PROJEKT 2

„Wir lernen uns kennen“

Auseinandersetzung mit Selbstkonzepten

Material

- Jeder Schüler benötigt einen Schlafsack, eine Isomatte o.Ä., Regenkleidung, Geschirr, Waschzeug, Schlafkleidung. Zusätzlich wäre eine Decke zwischen Boden und Schlafunterlage empfehlenswert, damit Rutschgeräusche in der Nacht vermieden werden.
- Für die Klasse wird benötigt: Puzzle, Fotos der Schulumgebung, Schokoküsse, Spielematerial (z.B. Bettlaken, Mandarinen), Musik, Erste-Hilfe-Tasche, Trillerpfeife, Taschenlampen, Fahrkarten und Verpflegung (je nach Alter von den SchülerInnen besorgen lassen).

Ablauf der Aktion

Vorbereitung

(ca. 2,5 Std.)

1| Treffen Sie sich mit den SchülerInnen rechtzeitig in der Schule und richten Sie den Übernachtungsraum her.

2| Lassen Sie die Klasse das Menü des gemeinsamen Abendessens allein planen und eine Einkaufsliste erstellen.

3| Geben Sie den verantwortlichen SchülerInnen Geld. Diese gehen einkaufen und rechnen anschließend mit Ihnen ab. Die Klasse bereitet danach das Essen vor.

4| In jüngeren Klassen können Eltern die Verköstigung der Kinder übernehmen. Die Vorbereitungszeit ist dann entsprechend kürzer.

5| Gehen Sie rechtzeitig zur Bushaltestelle los.

6| Die Klasse fährt zum Ausgangspunkt der Nachtwanderung.

Nachtwanderung

(ca.1,5 Std.)

1| Die Klasse führt die Nachtwanderung nach Ihrer Planung durch.

2| Die SchülerInnen sollen möglichst ohne Taschenlampe gehen.

3| Bei einem besonders dunklen und geraden Wegabschnitt sollten Sie die Möglichkeit einkalkulieren, jeden Schüler ca. 100 m allein gehen zu lassen. Eine Begleitperson geht vor und empfängt die nach einem Lichtzeichen losgehenden SchülerInnen.

Stadtspiel

(ca. 45 Min.)

1| Teilen Sie die Klasse in neun Kleingruppen auf. Jede Gruppe bekommt ein Detailfoto aus der näheren Umgebung der Schule. An dieser Stelle muss *ein* Puzzlestück gefunden werden, das die Eltern kurz vorher dort versteckt haben. Die Gruppen dürfen sich untereinander helfen.

2| Es empfiehlt sich für zusätzliche Elternaufsichten in dieser Phase zu sorgen.

3| An einem vorher vereinbarten Treffpunkt sammelt sich die Klasse und geht gemeinsam in die Schule. Dort wird das Puzzle gelegt und der Gutschein eingelöst.

Abendessen

(ca. 1,5 Std.)

Das Abendessen wird gemeinsam zubereitet und verspeist.
Nach dem Essen helfen alle beim Spülen und Aufräumen.

„Wir lernen uns kennen"
Auseinandersetzung mit Selbstkonzepten

Tagesausklang
(ca. 2 Std.)

1| Um die Klasse allmählich zur Ruhe kommen zu lassen, sollten Sie verschiedene Übungen durchführen:
- * *Übung mit Bewegung (z.B.: „Blinzeln")* → B14
- * *Übung mit Körperkontakt (z.B.: „Kettenfahrzeug")* → B15
- * *Übung mit Beobachtungselementen (z.B.: „Schattenwand")* → B16
- * *Übung, um ruhig zu werden (z.B.: „Zitronenübung")* → B19

2| Anschließend werden die Schlafstellen hergerichtet und die SchülerInnen ziehen sich zur Nacht um (Mädchen im separaten Zimmer).

3| Zum Tagesabschluss können Sie eine Geschichte erzählen oder vorlesen.

Frühstück
(ca. 2 Std.)

1| Nach dem Aufstehen und der Körperpflege werden die folgenden Aufgaben in Arbeitsteilung durchgeführt:
- * *Brötchen kaufen*
- * *Schlafraum reinigen*
- * *Frühstückstisch decken*

2| Lassen Sie sich Zeit beim gemeinsamen Frühstück.

3| Die ganze Klasse hilft mit, alle benutzten Räume zu reinigen.

4| Zum vereinbarten Termin holen die Eltern ihre Kinder an der Schule ab.

Maskenwand
mögliche Weiterarbeit

Vorbereitung siehe Planungsvorschlag → B18

Material siehe Planungsvorschlag → B18

Kurzbeschreibung
Die vorgestellte Aktion erfordert einen hohen zeitlichen Aufwand und sollte deshalb im Rahmen von mindestens 4 Projekttagen durchgeführt werden. Die Mitarbeit der Eltern ist notwendig.
Im Einzelnen sieht der Planungsvorschlag folgende Aktionen vor:
- Vorbereitung
- Anfertigen von Gesichtsschablonen
- Anfertigen von Gipsmasken
- Herstellung der Maskenwand
- Vorschläge zur Auswertung

Elternbrief

(Schule) ______________________________ ____________ , den ________

______________________________ ______________________

____

Sehr geehrte Eltern der Klasse ____ ,

da auf der letzten Klassenpflegschaftssitzung leider nicht alle Eltern anwesend sein konnten, möchte ich Ihnen auf diesem Wege die Ergebnisse der Sitzung mitteilen.

Am________ , den _________ möchten wir einen besonderen Klassenausflug mit vielen Aktionen durchführen. Dazu treffen wir uns um __________ Uhr in der Schule, planen ein Festmahl, kaufen dafür ein, bereiten es zu und essen erst sehr viel später. Vorher wollen wir eine ca. 2-stündige *Nachtwanderung* durchführen, in deren Verlauf Ihre Kinder im Bereich der Innenstadt in Gruppen allein etwas tun müssen. Anschließend essen wir gemütlich, machen ein paar Spiele und schlafen alle gemeinsam in der Schule (Möglichkeiten zum getrennten Umkleiden und Waschen sind vorhanden). Nach dem selbst gemachten Frühstück ist die Veranstaltung beendet, sodass Sie Ihre Kinder gegen _____ Uhr zu Hause erwarten können.

Neben einem Kostenbeitrag von _____ DM benötige ich Ihre Unterschrift unter die Einverständniserklärung. Wenn Sie sich mit unseren Plänen einverstanden erklären können, geben Sie bitte bis ____________ den ausgefüllten unteren Abschnitt Ihrem Kind mit in die Schule.

Sollten Sie Fragen haben, so rufen Sie bitte bei mir an.

Die Kinder benötigen für unsere *„Fest-Nachtwanderung“* folgende Dinge:

- Regenzeug
- Besteck und Geschirr
- Waschzeug
- Schlafanzug
- Schlafsack
- Isomatte oder Luftmatratze

In der Hoffnung auf trockenes Wetter und viel Spaß verbleibe ich
mit freundlichen Grüßen

____

PS.: Für eine Aufgabe benötige ich am Freitag um ca. __________ Uhr die Hilfe von 2 oder 3 Elternteilen für etwa 30 Minuten. Ich würde mich freuen, wenn sich jemand melden würde.

✂ -

Bitte geben Sie mir diesen ausgefüllten Abschnitt so schnell wie möglich zurück!

Hiermit melde ich mein Kind für die „Fest-Nachtwanderung“ vom ________ bis __________ an.

Name des Kindes: ______________________ Klasse: ____________

Telefonnummer(n): ______________________

Krankenkasse: ______________ Letzte Tetanus-Impfung war am (Impfbuch): ____________

Wichtige Hinweise (z.B. Allergie, Krankheiten u.a.): ______________________

____

Wir erklären uns damit einverstanden, dass unser Kind an zeitlich begrenzten Unternehmungen in Kleingruppen (mindestens 3 Personen) teilnimmt, ohne dass ein Lehrer anwesend ist.

____

(Unterschrift der Eltern)

PROJEKT 3

„Als Gruppe handeln“

Förderung der Kooperationsfähigkeit

Eine Klasse wird häufig als Gesamtgruppe wahrgenommen. LehrerInnen machen ihr Engagement für eine Klasse nicht selten davon abhängig, wie die soziale Gemeinschaft der SchülerInnen funktioniert. Im positiven Fall profitieren alle Einzelwesen, wenn die Gesamtgruppe von außen (von Lehrern und Eltern) als eine Gemeinschaft anerkannt wird, in der jedes Mitglied Verantwortung für sich selbst und andere übernimmt.

Häufig müssen in einer Gruppe Entscheidungen herbeigeführt werden, um miteinander effektiv arbeiten zu können. Es gilt dann einen gemeinsamen Konsens zu finden. Dazu gehören Akzeptanz, Kommunikations-, Konflikt- und Entscheidungsfähigkeit. Das Einüben solcher Fähigkeiten bringt eine Gruppe in ihrer Entwicklung weiter und berücksichtigt gleichzeitig auch die Interessen des Individuums.

Das Anliegen des Projekts **„Als Gruppe handeln“** ist es, *Teamarbeit zu fördern* auf der Grundlage demokratischer Prinzipien. Durch den Erwerb der oben geschilderten Fähigkeiten entwickelt sich die Gruppe selbst, sie wird im täglichen Zusammenleben handlungsfähig. Es entsteht ein Solidaritätsgefühl.

Voraussetzung für ein erfolgreiches Arbeiten an diesem Thema ist, dass die SchülerInnen eigene Schwächen und Unsicherheiten sowie eigene Sicherheiten und Stärken bereits erfahren haben (vgl. Projekt *„Wir lernen uns kennen“*). So unterliegen sie nicht mehr der Versuchung, sich – wie noch zu Beginn der Klasse 5 – profilieren bzw. beweisen zu müssen.

Ausgehend von der Erfahrung, dass kooperatives Verhalten zu Erfolgserlebnissen führt, beginnt das Projekt mit einer Übung, die eine positive Gruppenerfahrung ermöglicht (*„Klassenbauwerk“*). Im weiteren Verlauf werden Schwachstellen im sozialen Klima der Klasse thematisiert, wobei auch hier ein erfolgsorientierter Zugang gewählt wird. Ziel ist es, gemeinsame Absprachen zu treffen und auf ihre Realisierbarkeit hin zu überprüfen (*„Der gute Vorsatz“*).

Die sechs Einheiten des vorliegenden Projekts haben einen unterschiedlichen Umfang. Obwohl wir darauf geachtet haben, einen 45-Minuten-Rhythmus zu berücksichtigen, wird der Zeitrahmen stark von der in der Gruppe vorhandenen Problemstellung hinsichtlich der sozialen Struktur und der Beziehungsfähigkeit untereinander bestimmt.

Nach unserer Erfahrung gelingt es nicht immer, das vorgesehene Lernziel zu erreichen. In einem solchen Fall wird es notwendig, zusätzliche Übungsfelder für die gesamte Gruppe bereitzustellen bzw. einzelne SchülerInnen vertiefend zu betreuen (vgl. *„Klassenausflug planen“*).

Mit Abschluss des Projekts haben die SchülerInnen Techniken der Konsensfindung erlernt. Da Kooperationsfähigkeit einem dauernden Lern- und Entwicklungsprozess unterliegt, ist es nötig, mit der Gruppe an dieser Thematik weiterzuarbeiten. Am Ende dieses Projekts bieten sich folgende Möglichkeiten zur vertiefenden Weiterarbeit:

- bei weitgehend **selbstständig arbeitenden** Klassen: *„Wir planen einen Klassenausflug“*
- bei weitgehend **unselbstständig arbeitenden** Klassen: *„Ermittlung von Gruppenalter/-größe“*
- bei einzelnen **schwierigen SchülerInnen:** *„Beobachtermodell“*.

Klassenbauwerk

Unterrichtsstunde **1** 2 3 4 5 6

Vorbereitung

keine

Material

- ca. 150 Bauklötze
- evtl. Fotoapparat

Stundenablauf

1| Weisen Sie die Klasse darauf hin, dass eine neue Unterrichtseinheit beginnt, die das gemeinsame Handeln innerhalb der Klasse zum Thema hat.

2| Der Ablauf der Übung wird den SchülerInnen geschildert. → C1

3| Die Klasse wird zufällig in zwei gleich große Gruppen aufgeteilt. Diese bilden je einen Sitzkreis, der schnell in einen gemeinsamen Sitzkreis umgestaltet werden kann.

4| Die Übung wird nach der Anleitung durchgeführt.

5| Sind alle Steine gelegt, wird ein großer Sitzkreis gebildet und die Bauwerke werden angesehen (evtl. Foto).

6| Jeder hat in einer Blitzlichtrunde die Möglichkeit, in einem Satz etwas über seine Befindlichkeit oder das Bauwerk zu sagen.

7| In der anschließenden Gesprächsrunde werden die in der Übung vorgeschlagenen Fragen erörtert.

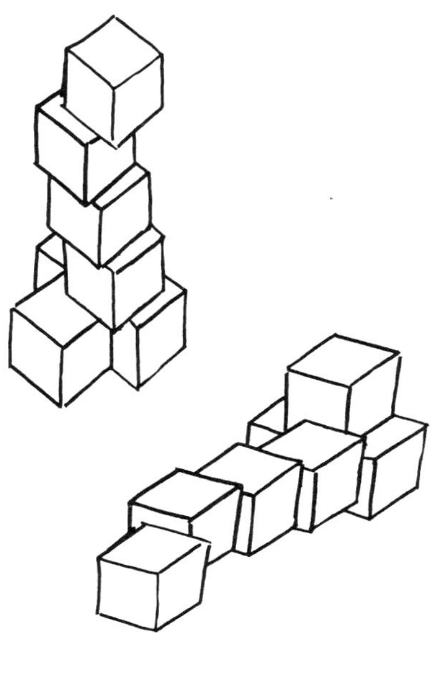

soziale Momentaufnahme

Unterrichtsstunde 1 **2** 3 4 5 6

Hinweis

In dieser Unterrichtsstunde wird mit Hilfe eines Fragebogens die soziale Wahrnehmung der Klasse und damit die Grundlage für kooperatives Verhalten ermittelt. Eine Übereinstimmung in vielen Punkten weist darauf hin, dass sich die Klasse auf dem Weg zu einer funktionierenden sozialen Gemeinschaft befindet. Bei geringer Übereinstimmung besteht besonderer Handlungsbedarf, die Grundlagen für kooperatives Verhalten zu erwerben und einzuüben.Neben diesem Aspekt deckt der Fragebogen möglicherweise gravierende Einzelprobleme innerhalb der Klasse auf. Daher ist es in Ihre Verantwortung gestellt, in der Auswertungsphase auf die genannten Problemkreise einzugehen. Unter Umständen wird es notwendig sein, die begonnene Unterrichtsreihe zu unterbrechen, um die sich neu ergebenden Fragestellungen gezielt aufzuarbeiten. Antworten beispielsweise viele SchülerInnen bei Frage 6 mit „ja", müssen die Themen „Gefühle", „Mitgefühl", „Perspektivenwechsel" thematisiert werden (vgl. *„Wir lernen uns kennen"*), um dann den vorgesehenen Verlauf der Einheit sinnvoll und erfolgreich fortführen zu können.

Vorbereitung

keine

Material

- Fragebogen

Stundenablauf

1| Die Klasse besinnt sich auf die letzte Stunde (Klassenbauwerk). Es wird festgestellt, dass eine derart erfolgreiche Zusammenarbeit nicht immer möglich ist.

2| Um herauszufinden, in welchen Punkten die Klasse übereinstimmende Ansichten oder Einschätzungen hat, wird ein Fragebogen vorgeschlagen. → S. 53

3| Lassen Sie die SchülerInnen den Fragebogen in Ruhe ausfüllen.

4| Im Anschluss werden die Ergebnisse an der Tafel gesammelt. Hierfür lesen Sie der Reihe nach die Aussagen vor. Die Ja- und die Nein-Stimmen werden durch Handheben ermittelt und von Ihnen an der Tafel festgehalten.

	JA	*NEIN*
1. nach der Schule zusammen sein		
2. häufiger Streit		
3. mehr Freunde als vorher		
4. sich verbünden gegen Mitschüler		
5. alle hören zu		
6. bei falschen Antworten auslachen		
7. wir können planen und durchführen		
8. einige fühlen sich nicht wohl		
9. einige werden ausgeschlossen		
10. mit anderen gut auskommen		

- *Vorschlag für einen Tafelanschrieb*

5| Die SchülerInnen übertragen die Werte in den Fragebogen.

6| Anschließend werden die SchülerInnen nach Auffälligkeiten gefragt und die Ergebnisse im Klassengespräch erörtert. Achtung: Die Ergebnisse lassen in manchen Fällen mehrere Interpretationen zu; z.B. können 20 Ja-Stimmen bei Aussage 8 bedeuten, dass sich 20 SchülerInnen in der Klasse unwohl fühlen. Genauso ist es möglich, dass sich „nur" zwei unwohl fühlen, es aber 20 SchülerInnen bemerkt haben.

7| Mögliche Fragen: Was bedeutet das für das Leben in der Klasse?
Was können wir tun?

8| Ein Schüler schreibt die geäußerten Wünsche oder Vorschläge an die Tafel.

Fragebogen

- Schreibe zu jeder Aussage in die Spalte „meine Antwort“ je nach Zustimmung oder Ablehnung das Wort „ja“ oder „nein“.

	meine Antwort	so wertet die Klasse	
	JA oder NEIN	JA	NEIN
1. In unserer Klasse möchten viele auch nach der Schule mit ihren Klassenkameraden zusammen sein.			
2. In unserer Klasse streiten wir uns häufig.			
3. In unserer Klasse gibt es heute mehr Freundschaften als zu Beginn des Schulhalbjahres.			
4. In unserer Klasse verbünden wir uns häufig gegen einen oder mehrere Mitschüler.			
5. Fast alle hören zu, wenn ein Mitschüler etwas sagt oder einen Vorschlag macht.			
6. Wir lachen oft, wenn jemand eine falsche Antwort gibt.			
7. Manchmal können wir etwas gemeinsam planen und führen es dann auch durch.			
8. Für einige Mitschüler ist es in unserer Klasse ungemütlich, sie fühlen sich hier nicht wohl.			
9. In unserer Klasse gibt es einige Schüler, die normalerweise von gemeinsamen Dingen ausgeschlossen werden.			
10. Die meisten Schüler in unserer Klasse versuchen mit anderen gut auszukommen.			

Problemfindung

Unterrichtsstunde 1 2 **3** 4 5 6

Vorbereitung

keine

Material

- Arbeitsblatt „Problemgeschichten“

Stundenablauf

1| Erinnern Sie die Klasse an die Ergebnisse der letzten Stunde (*„Was können wir tun?“*) und bitten Sie sie diese in der folgenden Zeit zu beachten.

2| Erklären Sie nun den Stundenverlauf, indem Sie die folgenden Teilschritte an die Tafel schreiben:
1. Lies dir die Problemgeschichte durch.
*2. Finde eine **eigene** Antwort auf die Frage (am Ende der Geschichte).*
*3. Findet in der Gruppe eine **gemeinsame** Antwort.*

3| Bitten Sie die SchülerInnen, **ernsthaft** an den Problemen auf dem Blatt „Problemgeschichten“ zu arbeiten und um eine gemeinsame Lösung zu ringen.

4| Teilen Sie die Klasse per Zufall in Gruppen zu je vier SchülerInnen auf. Die SchülerInnen jeder Gruppe setzen sich an einen Gruppentisch und erhalten das Blatt „Problemgeschichten“ (evtl. die Anzahl der vorgegebenen Geschichten reduzieren). → **S. 55**

5| Während der Gruppenarbeit sollten Sie nicht eingreifen, auch nicht, wenn die Arbeit „chaotisch“ wird. Für den Erfahrungsprozess in der Gruppe muss der Eindruck jedes Schülers in „seiner“ Gruppe vollkommen authentisch sein.

6| Falls noch Zeit zur Verfügung steht, können einzelne Problemgeschichten im Klassengespräch – ohne Bewertung – erörtert werden.

7| Wenn keine Einigung auf eine gemeinsame Antwort stattfinden konnte, bedeutet dies nicht, dass die SchülerInnen unfähig sind zu kooperativem Arbeiten. Ziel ist es, einen Einigungsprozess bewusst zu machen, Schwierigkeiten dabei zu erkennen und daraus einen *„guten Vorsatz“* zur besseren Zusammenarbeit zu formulieren.

8| Hausaufgabe:
Die SchülerInnen werden gebeten, ihre Hausaufgabe schon heute zu erledigen, damit die Erinnerungen an diese Unterrichtsstunde nicht verblassen.
Schreiben Sie den folgenden Text an die Tafel, die SchülerInnen übertragen ihn in ihr Heft:
*Schreibe auf, **wie** die gemeinsame Antwort*
nach deiner Meinung gefunden wurde oder
***warum** die gemeinsame Antwort **nicht** gefunden wurde!*

Problemgeschichten

1. Der Erdkundetest

Margit hat gerade mit ihrem Erdkundetest begonnen. Plötzlich klopft es an der Klassentür, die Schulleiterin kommt herein und bittet den Erdkundelehrer für einen Moment zu einem Gespräch aus der Klasse. Bevor der Lehrer die Klasse verlässt, sagt er: „Ich verlasse mich darauf, dass ihr ehrlich seid und nicht abschreibt oder pfuscht, während ich draußen bin." Sobald er gegangen ist, nimmt ein Schüler sein Erdkundebuch hervor und schreibt alle Antworten ab.

Was soll Margit tun?

Ich meine: ____________________

____

____

____

Meine Gruppe meint: ____________________

____

____

____

2. Der gestohlene Ball

Markus und zwei seiner Freunde spielen auf dem Schulhof mit einem Tennisball Fußball. Eine Gruppe Mädchen aus einer anderen Klasse nimmt den Ball an sich und rennt damit weg. Sie rufen noch, dass sie den Ball zurückgeben wollen. Die Aufsicht führende Lehrerin hat den Zwischenfall nicht gesehen.

Was soll Markus tun?

Ich meine: ____________________

____

____

____

Meine Gruppe meint: ____________________

____

____

____

3. „Absolute Ruhe bitte!"

Carola ist neu an der Schule und an diesem Tag ist sie zum ersten Mal in der neuen Klasse. Die Lehrerin hat soeben den Raum verlassen, nachdem sie den Schülern eingeschärft hat, dass nicht gesprochen werden darf: „Absolute Ruhe bitte!" Sobald die Lehrerin den Raum verlassen hat, dreht sich Stefan herum und fragt Carola: „Bist du neu hier an der Schule?" Bevor Carola antworten kann, flüstert Bettina dazwischen: „Wir sollten doch nicht reden."

Was könnte Carola daraufhin getan haben?

Ich meine: ____________________

____

____

____

Meine Gruppe meint: ____________________

____

____

____

4. Die Taschenlampe

Ralf hat sich Martins Taschenlampe ausgeborgt und sie prompt bei der letzten Nachtwanderung verloren. Als Martin ihn nach der Taschenlampe fragt, sagt Ralf, sie sei doch schon alt gewesen und hätte nicht mehr richtig funktioniert und er würde ihm auf jeden Fall keine neue Lampe bezahlen. Am nächsten Tag versteckt sich Martin in der zweiten großen Pause auf der Jungentoilette und wartet auf Ralf. Als dieser eintritt, schüttet Martin eine ganze Plastiktüte voll Wasser über seinen Kopf. Herr Weingarten, der Biologielehrer, kommt zufällig dazu und sieht das Ganze.

Wie verhält sich Herr Weingarten?

Ich meine: ____________________

____

____

____

Meine Gruppe meint: ____________________

____

____

____

der „gute Vorsatz“

Unterrichtsstunde 1 2 3 **4** 5 6

Vorbereitung

keine

Material

- Plakat
- dicke Filzstifte

Stundenablauf

1| Die Ergebnisse der noch nicht besprochenen Problemgeschichten werden – ohne Bewertung – im Klassengespräch vorgetragen.

2| Die Ergebnisse der Hausaufgabe werden vorgetragen und an der Tafel gesammelt.

3| Aus der Erfahrung der Zusammenarbeit in den Gruppen heraus formuliert die gesamte Klasse einen *„guten Vorsatz“* für die Zukunft. Der Zeitraum bis zum Erreichen dieses Zieles wird ebenfalls festgelegt. *Diese entscheidende Phase der Unterrichtsreihe kann schlecht vorausgeplant werden, da sie klassenspezifisch ist. Der Prozess der Entscheidungsfindung muss analysiert werden, um Schwachstellen und Stärken der Kooperationsfähigkeit der Klasse herauszuarbeiten. Der gefundene Vorsatz muss für die Klasse erreichbar sein. (Oft wünscht sich die Klasse eine Verhaltensänderung Ihrerseits, die dann auch aufgeschrieben wird.)*

4| Der *„gute Vorsatz“* wird auf ein Plakat geschrieben und in der Klasse aufgehängt. Die Klasse überträgt ihn ins Heft.

5| Hausaufgabe: Schreibe den *„guten Vorsatz“* in Schönschrift auf ein Blatt und gestalte die Seite besonders liebevoll.

6| Zur verabredeten Zeit sollte über den Erfolg oder Misserfolg in der Klasse gesprochen werden. Erfolge sollten anerkannt, Hindernisse aus dem Weg geräumt werden.

Vorsatz einüben 1

Unterrichtsstunde 1 2 3 4 **5** 6

Vorbereitung

keine

Material

- mehrere alte Zeitungen oder Packpapier

Stundenablauf

1| Bittet Sie die Klasse, an die Unterrichtsstunden der letzten Woche zu denken und zu überlegen, ob der *„gute Vorsatz“* in manchen Fällen hilfreich war.

2| Die SchülerInnen schildern Situationen und beschreiben Zwischenfälle.

3| Die Klasse überprüft ihr Verhalten und gibt mögliche Verhaltensalternativen an.

4| *Wichtig ist in dieser Phase, bei Erfolgen zu loben, bei Misserfolgen jedoch nicht zu tadeln, sondern mögliche Wege aufzuzeigen.*

5| Die SchülerInnen werden gebeten, in der folgenden Übung besonders an den *„guten Vorsatz“* zu denken.

6| Die Kooperationsübung „Tierformenreißen“ wird durchgeführt. → C2

7| Nach einer vereinbarten Zeit wird überprüft, inwieweit die Vorsätze eingehalten werden konnten oder warum es Schwierigkeiten gab. Mögliche Verhaltensänderungen werden von MitschülerInnen oder von Ihnen angeboten.

8| Falls noch genügend Zeit zur Verfügung steht, wird die Übung in einer der angegebenen Varianten wiederholt.

9| Eine abschließende Gesprächsrunde überprüft noch einmal die Einhaltung des Vorsatzes.

Vorsatz einüben 2

Unterrichtsstunde 1 2 3 4 5 **6**

Vorbereitung

- je nach ausgewählter Übung

Material

- unterschiedlich,
  je nach gewählter Übung

Stundenablauf

1| Rufen Sie der Klasse ihren Vorsatz in Erinnerung.

2| Bitten Sie sie, an die Unterrichtsstunden der letzten Woche zu denken und zu überlegen, ob der *„gute Vorsatz“* in manchen Fällen hilfreich war.

3| In dieser Unterrichtsstunde (und evtl. in der nächsten) sollen verschiedene **Kooperationsübungen** durchgeführt werden. Nach jeder Übung trifft sich die Klasse im Sitzkreis und äußert sich im Rahmen eines Blitzlichtes zur eigenen Befindlichkeit und/oder der Einhaltung des *„guten Vorsatzes“*. Möglicherweise wird eine eingehendere Besprechung in Einzelfällen nötig, die aber immer situationsgebunden ist.
Mögliche Übungen sind:

„Sitzkreis“ → C3

„Platz ist in der kleinsten Hütte“ → C4

„Gewindedrehen“ → C5

„Der Jurtenkreis“ → C6

„Balljongleure“ → C7

4| Erfahrungsgemäß stellt sich heraus, dass es nötig ist, einen weiteren *„guten Vorsatz“* zu formulieren, da das kooperative Verhalten der Klasse noch Mängel aufweist. Einige der oben angegebenen Übungen können dann zur Arbeit an dem neuen *„guten Vorsatz“* verwandt werden.

„Als Gruppe handeln“
Förderung der Kooperationsfähigkeit

Klassenausflug planen .... vertiefende Weiterarbeit

Vorbereitung

- Umschläge mit den einzelnen Planungsschritten

Material

- Umschläge mit den einzelnen Planungsschritten
- Merkblatt für die BeobachterInnen

Stundenablauf

Für die folgende Unterrichtseinheit wird eine **Doppelstunde** benötigt.
Für den Klassenausflug sind zwei Vorschläge mit den benötigten Materialien vorbereitet. Sie lassen sich durch einfache Änderungen leicht an die eigenen Gegebenheiten anpassen.

1| „warming-up“ (z.B. „Atomspiel“) ⟶ A2

2| Teilen Sie der Klasse mit, dass ein Klassenausflug geplant werden soll.

3| Die Klasse wird in 5er-Gruppen aufgeteilt. In jeder Gruppe wird ein Beobachter bestimmt, der den Ablauf in der Gruppe regelt und sie beobachtet.

4| Der Ablauf der Gruppenarbeit wird erklärt. Jeder Beobachter bekommt zur Erinnerung ein Blatt mit der detaillierten Vorgehensweise, Abstimmungskarten für die Gruppenmitglieder und nummerierte Umschäge mit den einzelnen Planungsschritten. ⟶ S. 59

5| Die Gruppen starten mit ihrer Arbeit, beginnend mit Umschlag 1. Ist das dort geschilderte Problem bearbeitet, wird der nächste Umschlag von dem Beobachter ausgegeben, bis alle Umschläge bearbeitet sind. Gruppen, die fertig sind, nehmen sich ein Blatt und malen ihre Vorstellung von dem Klassenausflug, bis alle ihre Gruppenarbeit beendet haben.

6| Die Klasse setzt sich in den Stuhlkreis.

7| Die Beobachter werden nach *auftretenden Schwierigkeiten* während der Gruppenarbeit gefragt. Notieren Sie einzelne Stichpunkte an der Tafel oder auf einem Plakat.

8| *Die Klasse erarbeitet Schritte auf dem Weg zur Lösung der aufgetretenen Schwierigkeiten.* Die Einzelschritte werden an der Tafel notiert und ins Heft übertragen. Mögliche Schritte können sein:
1. Dem Partner zuhören, ihn aussprechen lassen, ihn ernst nehmen.
2. Die eigene Position in Frage stellen.
3. Gemeinsam nach Kompromissen oder Alternativen suchen.

9| Kehren Sie nun zu der Planung des Klassenausfluges zurück.

10| Die GruppensprecherInnen tragen zu jedem Planungsschritt die Ergebnisse vor. Die Klasse einigt sich entweder durch Abstimmung oder durch Finden eines Kompromisses. Die Ergebnisse der einzelnen Planungsschritte werden an der Tafel festgehalten. In dieser Phase sollten die oben erarbeiteten Schritte zur Lösung eines Problems konsequent beachtet werden. Es ist nötig, Abwechslung in das Kreisgespräch einfließen zu lassen, da es sehr lange dauern kann.

11| Abschließend äußern sich die SchülerInnen in einem Blitzlicht über die geplante Aktion oder über ihre Einschätzung zur eingeübten Vorgehensweise.

12| „warming-up“ (z.B. „Bärenjagd“) ⟶ A8

Der geplante Klassenausflug sollte in einem überschaubaren Zeitrahmen auch tatsächlich durchgeführt werden. Er ist ein guter Anlass, praktische Elternarbeit zu intensivieren.

Aufgaben der Beobachter

- Deine Aufgabe ist die Gesprächsführung und Beobachtung. Halte deine eigene Meinung zurück und konzentriere dich darauf, dass die Gruppenarbeit nach den folgenden Punkten abläuft:

1. Nimm den ersten (nächsten) Umschlag, öffne ihn und gib der Gruppe das auf dem Zettel stehende Problem bekannt.

2. Sorge dafür, dass jeder Schüler / jede Schülerin durch die Abstimmungskarte der Aussage zustimmt oder sie ablehnt.

3. Lass jeden aus der Gruppe kurz seine Meinung zu der Aussage äußern.

4. Leite – wenn nötig – die Diskussion in der Gruppe ein. Beobachte dabei die Teilnehmer.

5. Die Gruppe soll eine Lösung finden. Schreibe sie auf. Sollte keine Lösung gefunden werden, gehe zu Punkt 6.

6. Wenn noch weitere Umschläge vorhanden sind, gehe wieder zu Punkt 1.

7. Wenn alle Umschläge verbraucht sind, nimmt jeder aus der Gruppe ein Blatt und malt so lange seine Vorstellung von dem geplanten Ausflug, bis alle Gruppen mit ihrer Arbeit fertig sind.

Fahrradtour

1. **Alle aus unsere Klasse machen eine Fahrradtour.** Wenn euch dieser Satz Probleme macht, einigt euch oder findet eine Lösung des Problems!	**5.** **Jeder muss einen Fahrradhelm tragen, weil es sich um eine Schulveranstaltung handelt.** Wenn euch dieser Satz Probleme macht, einigt euch oder findet eine Lösung des Problems!
2. **Die Strecke ist ________ lang. Wir fahren nach ____________________** Wenn euch dieser Satz Probleme macht, einigt euch oder findet eine Lösung des Problems!	**6.** **Für die Vorbereitung eines Picknicks benötigen wir aus jeder Gruppe ein Elternteil.** Wenn euch dieser Satz Probleme macht, einigt euch oder findet eine Lösung des Problems!
3. **Wir fahren nur, wenn alle Regenzeug haben.** Wenn euch dieser Satz Probleme macht, einigt euch oder findet eine Lösung des Problems!	**7.** **Die Fahrt soll an einem ____________________ stattfinden.** Wenn euch dieser Satz Probleme macht, einigt euch oder findet eine Lösung des Problems!
4. **Alle Fahrräder müssen verkehrssicher sein.** Wenn euch dieser Satz Probleme macht, einigt euch oder findet eine Lösung des Problems!	

Tageswanderung

1.
Alle aus unserer Klasse machen eine Tageswanderung nach ______________________
Wenn euch dieser Satz Probleme macht, einigt euch oder findet eine Lösung des Problems!

5.
Alle auf der Wanderung besprochenen Pflanzenarten müssen zu Hause gezeichnet und beschrieben werden.
Wenn euch dieser Satz Probleme macht, einigt euch oder findet eine Lösung des Problems!

2.
Die Strecke ist _____ km lang.
Wenn euch dieser Satz Probleme macht, einigt euch oder findet eine Lösung des Problems!

6.
Der Rückweg wird noch mal _____ km lang.
Wenn euch dieser Satz Probleme macht, einigt euch oder findet eine Lösung des Problems!

3.
Alle benötigen festes Schuhwerk, Regenzeug und einen Rucksack mit Verpflegung (2 Liter kohlensäurefreies Getränk).
Wenn euch dieser Satz Probleme macht, einigt euch oder findet eine Lösung des Problems!

7.
Die entstehenden Kosten (z.B. Museum) betragen pro SchülerIn ca. ____ DM.
Wenn euch dieser Satz Probleme macht, einigt euch oder findet eine Lösung des Problems!

4.
Wir besuchen
____
Wenn euch dieser Satz Probleme macht, einigt euch oder findet eine Lösung des Problems!

8.
Die Wanderung findet an einem ___________ statt. Start ist um ___ Uhr – Ende ca. ____ Uhr.
Wenn euch dieser Satz Probleme macht, einigt euch oder findet eine Lösung des Problems!

Gruppenalter bestimmen

vertiefende Weiterarbeit

Vorüberlegung

Eine Möglichkeit zur vertiefenden Arbeit mit Gruppen, die noch weitgehend unselbstständig arbeiten, bieten die Übungen *„Ermittlung des Gruppenalters / der Gruppenlänge"*. Diese Aufgabenstellung verlangt von der Gruppe sich zu organisieren, um im Team zu einem Ergebnis zu gelangen. Wichtig ist, dass nur unter Beteiligung eines jeden Gruppenmitgliedes ein erfolgreiches Arbeiten möglich wird. Diese Übung ist der späteren Schulrealität insofern sehr nah, als dass von einer zahlenmäßig begrenzten Gruppe die Lösung einer Aufgabe in einer bestimmten Zeit erwartet wird, wie dies bei Gruppenarbeiten in der Klasse immer wieder geschieht.

Diese Unterrichtseinheit sollte möglichst mit der folgenden zusammen erteilt werden. Es wird also eine **Doppelstunde** benötigt.

Vorbereitung keine

Material keines

Stundenablauf

1| „warming-up" (z.B. „Atomspiel") ⟶ **A2**

2| Die Klasse wird in vier gemischte Gruppen aufgeteilt (6-8 Schüler). Jeweils zwei Gruppen erhalten die Aufgabe, das Gesamtalter der Jungen bzw. das der Mädchen zu ermitteln. 10 Minuten stehen zur Verfügung. (Es ist beabsichtigt, dass es bei dieser Übung zu einem Chaos kommt, weil die Ermittlung der unterschiedlichen Altersangaben nur unter bestimmten organisatorischen Voraussetzungen erfolgreich gelingen kann.)

3| In der Besprechung nach dieser ersten Runde sollen folgende Fragestellungen geklärt werden:
„Welche Störungen hat es gegeben?"
„Warum hat es Schwierigkeiten gegeben?"
„Welche Gruppenmitglieder haben durch welches Verhalten versucht, die Gruppe zu unterstützen?"

4| Vor dem zweiten Durchgang werden Möglichkeiten herausgearbeitet, die gestellte Aufgabe effektiver zu bewältigen. Leitfragen können sein:
„Wie können wir die Altersangabe schnell herausfinden?"
„Wer schreibt die Angaben auf?"
„Wer errechnet das Gesamtergebnis?"
„Wer gibt das Ergebnis bekannt?"

5| Lösungen für diese Fragen werden an die Tafel geschrieben, z.B.:
1. Zuerst werden die Angaben in der eigenen Gruppe ermittelt.
2. Ein Gruppenmitglied fragt die anderen Mädchen bzw. Jungen der anderen Gruppen.
3. Das Gesamtergebnis wird ausgerechnet.
4. Ein Gruppensprecher trägt das Ergebnis vor.

6| Die an der Tafel aufgezeigten Schritte werden in einem **zweiten Durchgang** erprobt.

„Als Gruppe handeln"
Förderung der Kooperationsfähigkeit

Gruppenlänge bestimmen

vertiefende Weiterarbeit

Vorbereitung

- vier Umschläge mit Aufgabenstellung und Organisationsplan vorbereiten
- Uhr besorgen

Material

- vier Umschläge mit Aufgabenstellung und Organisationsplan
- vier Zollstöcke
- Uhr (möglichst groß)
- Plakat
- dicke Filzstifte

Stundenablauf

1| Fordern Sie die SchülerInnen auf auszuprobieren, ob die in der letzten Stunde erprobten Schritte auch auf eine neue und schwierigere Aufgabe übertragbar sind.

2| Aufteilen der Klasse in vier Gruppen.

3| Jede Gruppe wählt einen Gruppenleiter.

4| Jeder Gruppenleiter erhält einen Umschlag mit der Aufgabenstellung:
„Findet heraus, wie groß jeder in eurer Gruppe ist.
Gesucht wird die Gesamtlänge der Gruppe."
Zusätzlich liegt ein Organisationsplan im Umschlag, der Aufgabenbereiche nennt.
Die Gruppe ordnet diesen Aufgaben Namen zu. → S. 64

5| Nachdem jede Gruppe ihren Plan bearbeitet bzw. ausgefüllt hat, geht der „Materialholer" zum Materialtisch.
Dort erhält er gegen Vorlage des ausgefüllten Organisationsplanes einen Zollstock ausgehändigt.

6| Alle Gruppenmitglieder übernehmen Teile der anfallenden Arbeit unter Berücksichtigung der Bedingung, dass keine aufgabenfremden Tätigkeiten durchgeführt werden dürfen.

7| Nach Ablauf der Zeit (Gesamtdauer: 25 Minuten) treffen sich alle Gruppen im Gesprächskreis. In der Reflexionsphase kann nach folgendem Muster gearbeitet werden:
1. Blitzlicht
2. Ergebnisbericht der Gruppensprecher
3. Diskussion über Schwierigkeiten während der Gruppenarbeit und mögliche Hilfen / Lösungen
4. Möglichkeiten der Übertragbarkeit auf andere von der Gruppe zu bewältigende Aufgaben oder Probleme
5. Zusammenfassung: Voraussetzungen / Bedingungen für ein erfolgreiches Arbeiten in Gruppen. Diese Ergebnisse können auf ein Plakat übertragen und in der Klasse aufgehängt werden.

8| „warming-up"
(z.B. „Bärenjagd") → A8

Organisationsplan

Aufgabe: Findet heraus, wie groß jeder in eurer Gruppe ist.
Gesucht wird die Gesamtlänge der Gruppe!

Bedingung: Jedes Gruppenmitglied beteiligt sich an der Aufgabe.
Während der Arbeit darf nichts anderes getan werden.

Es gibt folgende Aufgaben:	**Dafür sind zuständig:**
1. Gruppenleiter	....
+ Vertreter	....
2. Materialholer	....
3. Zollstockhalter	....
+ Vertreter	....
4. Buchaufleger	....
+ Vertreter	....
5. Zahlenableser	....
+ Vertreter	....
6. Schreiber	....
+ Vertreter	....
7. Rechner	....
8. Kontrollrechner	....
9. Materialzurückbringer	....
10. Gruppensprecher	....

Beobachtermodell .... vertiefende Weiterarbeit

Trotz aller Bemühungen, alle SchülerInnen der Klasse zu kooperativem Verhalten hinzuführen, gibt es immer wieder einzelne auffällige SchülerInnen, die Schwierigkeiten mit den aufgestellten Regeln haben und deshalb die Arbeit in Gruppen oder der Klasse behindern oder unmöglich machen. Sie erzwingen sich auf diese Art und Weise Aufmerksamkeit, da das Unterrichtsgeschehen unterbrochen werden muss, um erzieherisch wirksam zu werden. Oft sind es dieselben Verhaltensmuster, mit denen diese SchülerInnen auffällig werden, die sich auch durch Gespräche, Ermahnungen oder Disziplinierungen nicht abstellen lassen.
Die Ursachen dieses Verhaltens zu ermitteln übersteigt häufig die Kraft und Fähigkeit der Pädagogen, da hierfür in der Regel spezielle Kenntnisse vonnöten sind.

Folgende Vorgehensweise bietet sich an:

Eine bewährte Methode, schnellen Erfolg bei einer Verhaltensänderung zu erzielen und gleichzeitig die Interessen der Beteiligten (auffällige Schüler → Aufmerksamkeit der Gruppe/Klasse → störungsfreies Arbeiten) zu berücksichtigen, bietet ein **Beobachtermodell.** Es ist einsetzbar, nachdem die störende Verhaltensweise mehrmals erfolglos in/mit der Klasse besprochen wurde und keine Änderung des Verhaltens eingetreten ist, obwohl die betroffene SchülerIn erklärt hatte, sich „bessern" bzw. ändern zu wollen.

1| Die **Störung** tritt zum wiederholten Male auf.

2| Die betroffene Person wird befragt, ob sie daran interessiert sei, daran zu arbeiten, dass diese Störungen in Zukunft ausbleiben.

3| Bei Zustimmung wird genau abgesprochen, welches Verhalten in Zukunft unterbeiben soll.

4| Zur Unterstützung werden in der Klasse SchülerInnen bestimmt, die folgende Aufgaben haben:
a) **Beobachten** des auffälligen Schülers.
b) **Erinnern** der betroffenen Person an ihre Absicht, sich zu verändern, wenn Gefahr besteht, dass wieder eine Störung eintreten könnte.

Diese Aufgaben sollten vorwurfsfrei wahrgenommen und über den ganzen Schultag oder die Schulwoche durchgeführt werden. Als Beobachter bieten sich SchülerInnen aus dem näheren Umfeld der auffälligen Person an.

Nach einem vereinbarten Zeitraum (nächster Tag, nächste Woche) wird kurz über den **Erfolg der Bemühungen** gesprochen. Dabei wird zuerst der auffällige Schüler nach seiner Einschätzung gefragt, ob es ihm gelungen ist, sich an die Absprachen zu halten. Anschließend äußert der Beobachter seine Meinung. Falls eine positive Veränderung eingetreten ist, wird auch von der Klasse ausgiebig gelobt, falls nicht, werden weitere Hilfen (Tipps) gegeben, wie es in der nächsten Zeit besser gehen könnte. Keinesfalls soll diese Besprechung zu einem Tribunal werden.

Diese **Besprechungen** werden regelmäßig über einen längeren Zeitraum durchgeführt. Sie sind jedoch nicht für einen Dauereinsatz geeignet. Der Lehrer muss sorgfältig darauf achten, dass von allen Seiten ein Interesse an der Klärung der Situation besteht. Flacht dieses ab, sollte mit der Beobachtung geendet werden.

Erfahrungsgemäß tritt eine positive Änderung des auffälligen Verhaltens schon nach 1 bis 2 Wochen ein. Durch die andauernde Zuwendung der MitschülerInnen könnten zudem vorhandene Ablehungen abgebaut und neue Beziehungen eingegangen werden.
Gelingt eine Verhaltensbesserung auch nach einem längeren Zeitraum nicht, sollte ein intensives Gespräch mit den Eltern geführt und der Besuch einer Beratungsstelle empfohlen werden.

Anhang

„warming-up's" | A

„warming-up's" sind zeitlich eng begrenzte Spiele, die durch einen hohen Aufforderungscharakter zum Mitmachen animieren. Körper und Geist werden aktiviert, um Raum zu schaffen für neue Inhalte. Zu Stundenbeginn ermöglichen sie ein „gemeinsames Ankommen". Im Verlaufe des Unterrichts können sie eine konzentrierte und anstrengende Phase beenden und dem Entspannen bzw. „Neu-Sammeln" dienen.

Sie sollten bei der Auswahl der Übungen sehr genau die Gruppengröße und die räumlichen Gegebenheiten beachten. Häufig sind „warming-up's" bewegungsintensiv ausgerichtet (z.B. „Platzwechsel"). Sie sollten durch Ihre angemessene Leitung körperliche Ausgelassenheit zulassen, aber auch begrenzen.

Auflistung aller „warming-up's":

A1 Obstkorb
A2 Atomspiel
A3 Verrückte Karten
A4 Plätze tauschen
A5 Ozeanwelle
A6 Quak
A7 Familie Meier
A8 Bärenjagd

Obstkorb

A1

Aufgerufene „Obstsorten" wechseln ihre Plätze, während der Schüler in der Mitte versucht einen freien Platz zu erreichen.

Gruppengröße: Klassenstärke (beliebig)

Material: Einen Stuhl weniger als SchülerInnen

Räumlichkeit: Stuhlkreis im Klassen- oder Gruppenraum

Beschreibung: Im Stuhlkreis fehlt ein Stuhl.
Die SchülerInnen erhalten in der Reihenfolge des Sitzkreises jeweils einen Obstnamen (z.B. Erdbeere, Banane, Kirsche, Zitrone und wieder Erdbeere, Banane, ...).
Der Spielleiter – in der Mitte des Kreises stehend – ruft eine Obstsorte auf.
Die genannten Namen wechseln ihre Plätze.
Der Spielleiter versucht, einen frei werdenden Platz zu erreichen.
Der nun übrig bleibende Schüler bleibt in der Mitte und beginnt neu.

Variation: Bei „Obstkorb" müssen alle SchülerInnen ihre Plätze tauschen.

Hinweis: Spiel ohne VerliererInnen.

Atomspiel

A2

Die SchülerInnen finden sich auf Zuruf in bestimmten Gruppengrößen zusammen.

Gruppengröße: beliebig, mindestens 20

Material: keines (evtl. Musik)

Räumlichkeit: großer Klassen- oder Gruppenraum

Beschreibung: Alle SchülerInnen gehen durch den Raum.
Auf Zuruf des Spielleiters bilden sich Gruppen in der vorgegebenen Größe, z.B. „Atom 3" – Dreiergruppen bilden sich.
Nach kurzer Zeit gehen alle wieder durch den Raum und warten auf den nächsten Zuruf.
Die übrig gebliebenen SchülerInnen scheiden nicht aus, sondern spielen in der nächsten Runde wieder mit (keine VerliererInnen).

Variation:
1. Das Spiel wird abwechslungsreicher, wenn nach der Gruppenbildung bestimmte Informationen ausgetauscht werden, z.B. „Atom 3 – Hobbys" oder „Atom 5 – Lieblingsgruppen" etc.
2. Alle gehen mit Musik durch den Raum. Beim Musik-Stopp gibt der Spielleiter das Kommando.

Hinweis: Der Spielleiter sollte auf einen raschen Spielablauf achten.

Verrückte Karten

A3

Ein Kartenspiel bestimmt die Position und Kontakte der SchülerInnen.

Gruppengröße: beliebig, mindestens 20

Material: Kartenspiel mit so vielen Karten wie SchülerInnen

Räumlichkeit: Stuhlkreis

Beschreibung: Der Spielleiter teilt an jeden Schüler eine Spielkarte verdeckt aus. Jeder Schüler merkt sich die Farbe seiner Karte (Kreuz, Pik, Herz oder Karo). Der Spielleiter sammelt die Karten wieder ein, mischt sie und deckt vom Stapel die oberste Karte auf. Er nennt die Farbe der gezogenen Karte und alle SchülerInnen mit dieser Farbe rücken einen Platz nach links. Wenn der Platz nicht frei ist, setzt man sich auf den Schoß des Nachbarn (dabei können „Schülerstapel“ entstehen). Nur die jeweils frei sitzenden SchülerInnen dürfen bei ihrer Farbe weiterrücken. Das Spiel ist dann beendet, wenn der erste Schüler wieder an seinem ursprünglichen Platz angekommen ist.

Hinweis: Das Spiel kann turbulent werden.

Plätze tauschen

A4

SchülerInnen mit gleichen Merkmalen tauschen ihre Plätze.

Gruppengröße: Klassenstärke (beliebig)

Material: Stühle entsprechend der Anzahl der SchülerInnen

Räumlichkeit: Stuhlkreis im Klassen- oder Gruppenraum

Beschreibung: Alle sitzen im Kreis. Der Spielleiter nennt ein Merkmal, das mehrere SchülerInnen in der Gruppe besitzen. Diese müssen ihre Plätze tauschen. Dann nennt der linke Nachbarn des Spielleiters ein Merkmal usw.
Merkmale können z.B. sein:

- alle, die eine/keine Brille tragen
- alle, die im Monat xyz Geburtstag haben
- alle, die Jeans anhaben
- alle, die blonde Haare haben
- alle, die x Geschwister haben

Variation: Der Spielleiter kann ausschließlich selber die „Gemeinsamkeiten“ nennen. So kann er neben Äußerlichkeiten auch auf Eigenschaften eingehen: z.B.

- alle, die morgens schwer aus dem Bett kommen
- alle, die gerne Mathe machen
- alle, die gerne am PC spielen

Hinweis: Spiel ohne VerliererInnen.

Ozeanwelle

A5

Alle SchülerInnen rücken im Kreis nach rechts oder links, eine muss den freien Stuhl erwischen.

Gruppengröße: Klassenstärke (sinnvoll: 15 bis 30)

Material: Stühle entsprechend der Anzahl der SchülerInnen

Räumlichkeit: Stuhlkreis im Klassen- oder Gruppenraum

Beschreibung: Alle sitzen im Stuhlkreis.
Der Spielleiter geht in die Mitte – sein Stuhl ist dann frei – und ruft: „Ozeanwelle links!“
Alle SchülerInnen setzen sich daraufhin einen Platz weiter nach links („rechts“ entsprechend).
Der Spielleiter versucht sich auf den freien Platz zu setzen.
Gelingt ihm das, wechselt derjenige in die Mitte, der den freien Stuhl nicht schnell genug besetzt hatte.

Variation: keine

Hinweis: Der Ansager in der Mitte muss häufig und unerwartet einen Richtungswechsel ansagen. Die Welle kann heftig ins „Schwappen“ geraten, wenn zu stürmisch agiert wird (Verletzungsgefahr!) – in einem solchen Fall die Dynamik eindämmen!

Quak

A6

Rücken an Rücken – durch die gespreizten Beine hindurch – begrüßen sich jeweils zwei mit „Quak“.

Gruppengröße: Klassenstärke (gerade Anzahl)

Material: keiner

Räumlichkeit: großer Klassen- oder Gruppenraum

Beschreibung: Alle stellen sich irgendwo in den Raum und gehen vorsichtig rückwärts.
Immer, wenn zwei sich begegnen, bleiben sie Rücken an Rücken stehen, grätschen die Beine, beugen sich vor und begrüßen sich durch die Beine hindurch mit dem Ruf „Quak!“. Dann richten sie sich wieder auf, trennen sich und gehen rückwärts weiter bis zur nächsten Begegnung.

Variation: Alle gehen mit Musik vorwärts durch den Raum.
Beim Musik-Stopp stellen sich alle schnell zu Paaren Rücken an Rücken.

Hinweis: Auf „gerade Anzahl“ achten.
Der Spielleiter kann mitspielen (bei der Variation wegen des Musik-Stopps nicht).

Familie Meier

A7

Eine Familienzusammenführung ganz besonderer Art

Gruppengröße: beliebig, mindestens 20

Material: Familienkarten in passender Anzahl (siehe Beschreibung)

Räumlichkeit: Klassenraum

Beschreibung: Der Spielleiter hat Familienkarten vorbereitet, in denen zu jeder Familie Vater, Mutter, Tochter, Sohn, Oma, (Opa) gehören. Bei 30 SchülerInnen benötigt man also 6 ähnlich klingende Familiennamen, die aus jeweils 5 (bei Bedarf 6) Personen bestehen, z.B. Familie Meier, Geier, Laier, Weiher, Dreyer, Fayer, Reiher etc.
Jeder Schüler erhält eine Karte, auf der Familienname und Familienstand eingetragen sind. Auf Zuruf des Spielleiters suchen und finden sich alle Familienmitglieder gleichen Namens und setzen sich in geordneter Reihenfolge (siehe oben) auf einen Stuhl.

Variation: Bei der Auswahl der Familiennamen sind der Fantasie keine Grenzen gesetzt. Lange Doppelnamen sind sehr reizvoll (z.B. „Schlippenköter-Schlenkerheim" oder „Müller-Lüdenscheidt").

Hinweis: Das Spiel kann turbulent werden.

Bärenjagd

A8

Ein Kreisspiel mit viel Spaß und Körperkontakten

Gruppengröße: beliebig, mindestens 10

Material: keines

Räumlichkeit: leere Fläche im Klassenraum – auch im Freien

Beschreibung: Alle stehen im Kreis und stampfen rhythmisch mit den Füßen (marschierend). Ein Vorsprecher spricht zum Rhythmus der Füße passend je einen Satz mit geeigneter Gestik vor, den die Gruppe genauso wiederholt:

- *Wir gehen jetzt auf **Bärenjagd.***
- *Und wir haben **keine** Angst.*
- *Denn wir haben ein **Gewehr** (Messer, Lanze, Stock, Pistole, Plan, Lasso usw.) – passende Gestik*
- *Doch was ist **das**? – Zeigen auf die Kreismitte.*
- *Das ist ein **Sumpf** (Wald, Wiese, Teich, Stadt, Schulhof usw. – beim letzten Durchgang: Bär)*
- *Da müssen wir jetzt durch!*

Bei der Wiederholung stampfen alle durch die Mitte des Kreises, wobei es zu sehr intensiven Körperkontakten kommt. Anschließend formiert sich die Gruppe erneut zum Kreis und es geht leicht verändert von vorne los. Wenn beim letzten Durchgang der *„Bär"* in der Mitte ist, wird mit *„Dann schleichen wir jetzt weg!"* weitergemacht und alle gehen bei der Wiederholung leise zu ihren Plätzen.

Hinweis: Das Spiel kann turbulent werden. Sie sollten darauf achten, dass keine brutalen Rempeleien entstehen. Die Schülerinnen sollten beim Gang durch die Mitte die Hände schützend vor den Oberkörper legen.

Kontaktübungen

B

Kontaktübungen dienen der Verbesserung der gegenseitigen Wahrnehmung. Die Spannbreite reicht dabei von einfachen Kennenlernspielen (z.B. „Schlüsselkönig“) bis hin zu sehr intensiven körperlichen Vertrauensübungen (z.B. „magisches Anheben“). Typisch für Kontaktübungen sind das Kennenlernen und Erfahren der eigenen Persönlichkeit und das „Sich-Öffnen“ für andere SchülerInnen.

Da in der Schule und auch im Freizeitbereich körperliche Berührungen weitgehend unbekannt sind, müssen Sie u. U. sehr einfühlsam vorgehen und Vorbehalte und Ängste einzelner SchülerInnen ernst nehmen. Durch Ermunterung und gezielte Hinweise (Mädchen halten z.B. beim „Vertrauenskreis“ die Arme vor der Brust verschränkt) – niemals aber durch Druck – können die SchülerInnen behutsam zum Mitmachen angeregt werden.

Einzelne Übungen verlangen von Ihnen eine gezielte atmosphärische Vorbereitung der Umgebung und hohe Aufmerksamkeit seitens der SchülerInnen. Wichtig ist,

- *dass sich jeder Schüler bei der Übung wohlfühlen kann,*
- *dass jeder Schüler ernst genommen wird,*
- *dass die Übungen konzentriert durchgeführt werden.*

Kontaktübungen

B

Auflistung aller Kontaktübungen:

Schlüsselkönig — B1

Die SchülerInnen stellen sich in dieser aktionsreichen Kennenlernübung gegenseitig vor und erlernen dabei die Namen der MitschülerInnen

Gruppengröße: beliebig

Material: 1 Schlüsselbund

Räumlichkeit: Stuhlkreis

Beschreibung: Der Spielleiter befindet sich in der Mitte eines Kreises, alle anderen SchülerInnen sitzen auf Stühlen. Für ihn selbst ist kein freier Platz vorhanden. Er geht auf einen Schüler zu, wünscht ihm einen guten Tag und stellt sich namentlich vor: „Ich heiße … und wünsche dir einen guten Tag!“ (Siehe Variation) Der Angesprochene steht auf, nennt ebenfalls seinen Namen und begrüßt seinerseits einen sitzenden Mitschüler. Dieses Schneeballsystem wird solange fortgesetzt, bis sich alle von den Plätzen erhoben und begrüßt haben. Lässt nun der Spielleiter plötzlich den Schlüssel fallen, versuchen alle einen freien Platz zu ergattern. Der Übriggebliebene ist Schlüsselkönig und das Spiel beginnt von neuem.

Variation:
1. Anstatt „Ich heiße … und wünsche dir einen guten Tag!“ beginnt der Spielleiter mit den Worten: „Guten Tag, ich heiße … und mag … !“ Dabei müssen Name und das „Gemochte“ mit den gleichen Anfangsbuchstaben beginnen, z.B. „Guten Tag, ich heiße Sabine und mag Spagetti!“
2. Der Name wird in Verbindung mit einer Eigenschaft genannt (gleicher Anfangsbuchstabe!), z.B. „Guten Tag, ich bin der flinke Florian!“

Hinweis: Bei den Variationen ist eine kurze Vorbereitungszeit nötig. Unter Umständen muss einigen SchülerInnen geholfen werden.

Zipp-Zapp — B2

Ein Schüler fordert jeweils einen Mitschüler auf, die Namen seiner Nachbarn zu nennen.

Gruppengröße: beliebig

Material: keines

Räumlichkeit: Stuhlkreis

Beschreibung: Alle SchülerInnen sitzen im Kreis.
Ein Mitschüler – in der Mitte stehend – zeigt auf einen Schüler und gibt dabei folgende Kommandos:
Bei „Zipp“ muss der Name des linken,
bei „Zapp“ der des rechten Nachbarn genannt werden.
Bei „Zipp-Zapp“ müssen beide Namen genannt werden.
Wer falsche Namen nennt, tauscht mit dem in der Mitte Stehenden den Platz.

Variation: Das Spiel wird abwechslungsreicher, wenn die Namen z.B. gesungen, drohend ausgesprochen, liebevoll dargebracht, geflüstert oder geschrien werden müssen. Die Darstellungsform wird
a) grundsätzlich festgelegt oder
b) von dem in der Mitte Stehenden individuell angesagt (z.B. „liebevolles Zipp“ oder „drohendes Zapp“).

Hinweis: Findet längere Zeit kein Wechsel des Ansagers statt, so sollte es vom Spielleiter angeordnet werden.

Ich heiße ... — B3

Die MitschülerInnen wiederholen Namen und Bewegung, mit denen sich jeder Schüler vorstellt.

Gruppengröße: Klassenstärke

Material: keiner

Räumlichkeit: Klassenraum

Beschreibung: Alle SchülerInnen stehen in einem nicht zu engen Kreis mit etwas Bewegungsspielraum für jeden. Ein Schüler nennt seinen Namen („Ich heiße ...") und macht dazu eine lustige/auffällige Bewegung. Alle MitschülerInnen wiederholen gemeinsam diesen Namen („Du heißt ...") und ahmen die vorgemachte Bewegung nach. So geht es reihum.

Variation: An Stelle einer Bewegung kann auch ein auffälliges Geräusch (schmatzen, klatschen, knurren, pfeifen etc.) gemacht werden.

Hinweis: Je origineller die Bewegung ist, desto besser können sich die MitschülerInnen die Namen merken. Dieses Kennenlernspiel ist lustig und bewegungsintensiv.

Krokodilspiel — B4

Im Rahmen einer Spielhandlung wird eine Namenskette aller SchülerInnen zusammengestellt.

Gruppengröße: beliebig

Material: Symbol für ein Krokodil z.B. Handspielpuppe, Kugelschreiber o.Ä.

Räumlichkeit: Stuhlkreis

Beschreibung: Alle SchülerInnen sitzen im Kreis, der Spielleiter hat einen Gegenstand in der Hand, den er als Krokodil bezeichnet. Er eröffnet das Spiel, indem er sich mit Namen vorstellt und behauptet: „Ich heiße ... und behaupte, dass dies hier ein Krokodil ist." Mit diesen Worten wird der Gegenstand an den Nachbarn weitergegeben, der sich nun seinerseits vorstellt, den Namen seines Vorgängers wiederholt und behauptet, dass dies hier ein Krokodil ist, z.B. „Ich heiße Hartmut. Sabine (evtl. weitere „VorgängerInnen") und ich behaupten, dass dies hier ein Krokodil ist." Auf diese Weise wird der Gegenstand an alle SchülerInnen weitergereicht, wobei immer die Namen aller Personen genannt werden müssen, die das Krokodil vorher in der Hand gehabt haben.

Hinweis: Als Letztes sollte der Spielleiter noch einmal versuchen, die Namen zu wiederholen. Da er dies in der Regel nicht schaffen wird, rettet er so die Ehre aller, denen es ebenfalls nicht gelungen ist.

Schubladenspiel

B5

Die SchülerInnen lernen sich durch häufig wechselnde Gruppierungen gegenseitig kennen.

Gruppengröße: beliebig

Material: keines

Räumlichkeit: Klassenraum mit freien Ecken

Beschreibung: Alle SchülerInnen befinden sich in der Raummitte. Zu einem Oberbegriff (z.B. „Mein Lieblingsgericht“) nennt der Spielleiter für jede Raumecke (Schublade) einen Unterbegriff (z.B. „Nudelspeisen“, „Fleischgerichte“, „Salate“, „Süßspeisen“). Jeder geht zu dem Begriff (der Ecke), dem (der) er sich am ehesten zugehörig fühlt. Anschließend kann über die Wahl gesprochen werden.
Beispiele für Schubladenbegriffe:
Lieblingsfächer (Sprache, Mathematik, Musik, Sport),
Lieblingsgetränk (Saft, Cola, Milch, Mineralwasser),
Freizeit (Computer, Sport, TV, mit Freunden treffen),
Urlaubsort (Berge, See, Stadt, Meer), Geburtstag (erstes bis viertes Quartal)

Variation: Bei älteren SchülerInnen können an Stelle der Begriffe auch Thesen zu einem Thema stehen. Jede wählt die These, über die sie gerne diskutieren will.

Hinweis: Das Spiel ist gut geeignet für Gruppen bis 40 SchülerInnen. Findet das Spiel im Freien statt, können die Ecken durch Reifen oder Baustellenkegel gekennzeichnet werden.

Mein rechter, rechter Platz ist frei

B6

Die SchülerInnen wählen sich eine WunschnachbarnIn durch Namensnennung.

Gruppengröße: beliebig

Material: keines

Räumlichkeit: Stuhlkreis

Beschreibung: Alle SchülerInnen sitzen im Kreis, ein Platz ist frei. Der Schüler, dessen rechter Platz frei ist, wünscht sich mit den folgenden Worten einen Mitschüler an seine Seite:
„Mein rechter, rechter Platz ist frei, ich wünsche mir die/den … herbei.“

Variation: Das Spiel wird informativer, wenn von dem Herbeigewünschten eine Aussage erwartet wird:
„Von … möchte ich wissen, welches Hobby oder welches Leibgericht oder welche Lieblingsgruppe oder Lieblingsfach sie/er hat.“

Hinweis: Der Spielleiter sollte darauf achten, dass jeder einmal aufgerufen wird.

Vertrauenskreis

B7

Ein Schüler lässt sich den MitschülerInnen entgegenfallen, wird von diesen aufgefangen und wieder in die Senkrechte gestellt.

Gruppengröße: Gruppen zu je 6 bis 10 SchülerInnenn

Material: keines

Räumlichkeit: Klassenraum (auch im Freien möglich)

Beschreibung: Die SchülerInnen bilden einen Kreis mit dem Gesicht nach innen. Ein Schüler tritt in die Mitte des Kreises, verschränkt die Arme vor der Brust, schließt möglichst die Augen und lässt sich mit angespannten Muskeln (steif, möglichst ohne Hüftbewegung) nach vorne, zur Seite oder nach hinten fallen. Die im Kreis stehenden MitschülerInnen nehmen ihn mit vorgestreckten Armen (Handflächen nach vorne gerichtet) behutsam an und drücken ihn in die Mitte bzw. Senkrechte zurück.

Variation: Diese Vertrauensübung lässt sich alternativ in Dreiergruppen durchführen. Zwei SchülerInnen stehen im Abstand von ca. drei Schritten einander gegenüber. Der dritte Schüler stellt sich in die Mitte, das Gesicht einem der beiden anderen zugewandt. Dann lässt er sich nach vorne oder hinten fallen, wird dort angenommen und vorsichtig wieder in die Mitte gestellt.

Hinweis:
1. Bei schwergewichtigen SchülerInnen müssen die annehmenden MitschülerInnen den pendelnden Körper möglichst frühzeitig auffangen. Je weiter die Senkrechte verlassen wird, desto schwerer wiegt der Körper.
2. Es muss unbedingt auf behutsames, federndes Annehmen geachtet werden (Verantwortung!).

Magisches Anheben

B8

Der fest angespannte Körper eines Schülers wird von den Händen seiner MitschülerInnen getragen.

Gruppengröße: Kleingruppen zu je ca. 8 Personen

Material: Tisch

Räumlichkeit: Klassenraum

Beschreibung: Ein Schüler legt sich rücklings auf einen Tisch. Jeweils drei oder vier MitschülerInnen treten von jeder Seite an den Tisch heran, am Kopfende befindet sich ein weiterer Schüler. Nach einer Konzentrationsphase schließt der liegende Schüler die Augen und spannt seinen Körper an. Die anderen SchülerInnen schieben ihre Hände unter den Körper (Reißverschlussverfahren) und heben diesen auf Kommando behutsam an. Tragepunkte sind Fersen, Körpermitte, Schulter und Kopf. Der am Kopf befindliche Schüler nimmt dabei Kopf und Nacken des Liegenden vorsichtig in beide Hände (Achtung: Halswirbelsäule!). Wenn der Körper 20–30 cm über dem Tisch schwebt, schaukeln die tragenden Hände ihn langsam hin und her.

Hinweise: Entscheidend ist die Konzentrationsphase zur Sammlung der Kräfte. Die tragenden SchülerInnen müssen im Bereich der Lendenwirbel und des Rückens besonders stark stützen. Bei jüngeren SchülerInnen können mehrere „Träger" eingesetzt werden. Ein weicher Untergrund (Matte) gibt mehr Sicherheit.

Auswertung:
- Wie habe ich mich gefühlt als Getragener/als Träger?
- Hatte ich Angst? Warum?
- Gab mir die Gruppe Sicherheit?

Blindenführung

B9

Ein blinder Schüler wird von seinem sehenden Partner durch verbale Hinweise im Klassenraum herumgeführt.

Gruppengröße: Klassenstärke

Material: eine Augenbinde je Paar

Räumlichkeit: Klassenraum, auch im Freien möglich (dann aber in ruhiger Umgebung, z.B. Waldgelände)

Beschreibung: Der Klassenraum wird so hergerichtet, dass Stühle und Tische als Hindernisse im Wege stehen, aber an vielen Stellen Durchgänge ermöglichen. Die SchülerInnen bilden Paare, von denen sich einer die Augen verbindet. Der sehende Partner führt seinen blinden Partner nun mit verbalen Hinweisen („leichte Drehung nach rechts", „mehrere Schritte nach vorne", „stoppen" ...) über die Wegstrecken im Raum. Nach 1–3 Minuten wechseln die Rollen.

Variation: Steht ein großer Raum mit Geräten zur Verfügung (z.B. Sporthalle) kann ein kleiner Parcours aufgebaut werden. So ist die Wegstrecke abwechslungsreicher. Die Übung kann abgewandelt werden, indem der sehende Partner (nonverbal!) den Blinden durch leichte Berührungen an der Schulter oder durch Handfassung (dann aber nicht ziehen oder rennen!) führt.

Hinweis: Es ist darauf zu achten, dass die verbalen Hinweise leise gegeben werden, damit sich die gleichzeitig teilnehmenden weiteren Paare nicht gestört fühlen.

Schaukelstein

B10

Ein Schüler legt sich auf eine „Schüler-Rücken-Bank" und wird sanft hin- und hergeschaukelt.

Gruppengröße: Gruppen zu je fünf etwa gleich großen SchülerInnen

Material: weiche Unterlage

Räumlichkeit: Klassenraum

Beschreibung: Vier Schüler knien sich so eng wie möglich nebeneinander und stützen sich vorne mit den Händen ab, sodass ihre Rücken eine Art Tisch oder Bank bilden. Die fünfte Person legt sich mit dem Bauch auf die Rücken, wobei sie Kopf und Arme hinter dem vordersten Schüler schlaff herunterhängen lässt. Die Lage soll so bequem wie möglich sein. Die Knienden lassen den Kopf hängen und beginnen langsam, sich zusammen in eine rechts – links – Schwingung zu versetzen. Dabei fangen sie an, zu brummen. Die Übung dauert höchstens fünf Minuten und wird beendet, indem das Brummen nachlässt und erlischt, die Bewegung langsam aufhört, ein kurzer Stillstand eintritt und die Knieenden die liegende Person langsam von ihren Rücken heruntergleiten lassen.

Hinweis: Um zu gewährleisten, dass alle SchülerInnen auch jede Teilposition des „Tisches" durchlaufen, werden die Rollen zyklisch durchlaufen. Die Übung ist für alle Beteiligten umso schöner, je langsamer die schwingenden Bewegungen, je tiefer und lauter das Brummen ist. Aufkommende Kicherneigung sollte jeder Schüler unterdrücken.

Sprechende Hände

B11

Paarweise spielen die PartnerInnen mit ihren aufeinander gelegten Handflächen eine Geschichte nach.

Gruppengröße: Klassenstärke

Material: kleine Geschichte (s.u.)

Räumlichkeit: Klassenraum

Beschreibung: Die SchülerInnen suchen sich einen Partner und stellen oder setzen sich ihm gegenüber. Sie legen die Handflächen aufeinander und schließen die Augen.
Der Spielleiter erzählt eine Geschichte, z.B.:
„Stellt euch vor, eure Hände treffen sich auf der Straße. Sie freuen sich und erzählen sich etwas Lustiges ... Plötzlich hupt ein Auto. Beide bekommen einen großen Schreck und sind ganz aufgeregt, denn an der Straßenecke scheint etwas passiert zu sein ... Die Hände tuscheln miteinander ... Plötzlich haben sie es sehr eilig: Der Bus kommt. Ganz schnell drücken sie sich zum Abschied und gehen auseinander."

Hinweis: Die SchülerInnen sollten versuchen, den Partner während des Erzählens das Geschehen mit den Händen spüren zu lassen. Nach Beendigung der Übung muss genügend Zeit bleiben, über die Erfahrungen zu sprechen (Freiwilligkeit!).

Freier Fall

B12

Ein Schüler lässt sich von einem erhöhten Standpunkt aus rückwärts fallen und wird von seinem Partner aufgefangen.

Gruppengröße: Kleingruppen zu je 6 bis 7 SchülerInnen

Material: Stuhl oder Tisch

Räumlichkeit: Klassenraum

Beschreibung: Ein Schüler steht auf der Sitzfläche eines Stuhles (Lehne zur Wand), das Gesicht zur Wand gerichtet. In seinem Rücken – hinter ihm – befinden sich 5–6 weitere SchülerInnen, 2–3 kniend, 3 dahinter stehend.
Der auf dem Stuhl stehende Schüler spannt seinen Körper an (möglichst Hüftspannung) und lässt sich nach hinten fallen. Die knienden SchülerInnen nehmen Oberschenkel und Hüfte, die stehenden SchülerInnen Hüfte, Rücken und Schultern an. Dabei zeigen die Handflächen nach vorne. Alle achten auf ein federndes Auffangen.

Variation: Der Standpunkt sollte anfänglich nicht zu hoch gewählt werden. Mit Übung kann vom Stuhl zum Tisch gewechselt werden.

Hinweis: Stuhl oder Tisch müssen an der Wand stehen, sonst besteht Wegrutschgefahr. Das Gefühl des „Fallenlassens" wird verstärkt, wenn der Fallende die Augen schließt. Die Kleingruppen können nicht zeitgleich agieren (Aufsichtsproblematik).

Senso-Seil-Parcours (Teil 1) B13

Zwei blinde Schüler durchlaufen eine Hindernisstrecke

Gruppengröße: Klassenstärke

Material: kräftige, nicht dehnbare Seile, dünnere Wäscheleinen, Karabinerhaken, Spanngeräte, verschiedene Hindernisse, Augenbinden für jeden Schüler, für jedes Paar ca. 2 m Schnur

Räumlichkeit: Turnhalle (Klassenraum, Waldstück)

Vorbereitung: In der Turnhalle wird ein Parcours aufgebaut. Er sollte möglichst abwechslungsreich sein und verschiedene Untergründe (weiche und harte Matte, Trampolin, Kästen, Bänke etc.) haben. Die Wegführung wird mit Seilen in Brusthöhe gekennzeichnet. Dabei sind alle hoch gelegenen Streckenabschnitte mit sehr stabilen und nicht dehnbaren Seilen so zu sichern, dass sie als Geländer benutzt werden können und notfalls zwei Schüler sicher halten können.
Normale Bergsteigerseile sind dafür ungeeignet (zu hoher Dehnungsfaktor).
Diese statischen Seile benötigen sichere Befestigungspunkte (in der Turnhalle vorhanden) und müssen mehrfach nachgespannt werden. Die restlichen Streckenabschnitte werden mit dünner Kordel oder Wäscheleine markiert, sodass diese als Führungsschnur dienen können.
Alle Ecken und Kanten müssen mit Matten entschärft werden.
Bei der Durchführung müssen an allen unfallträchtigen Stellen absolut stumme HilfestellerInnen stehen, die durch Antippen oder Körperführung Unfälle verhindern („gute Geister“).
Eine direkte Hilfe bei der Wegfindung ist im Sinne der Übung nicht hilfreich.
Diese Aufgabe könnten Eltern oder ältere SchülerInnen (PatInnen) übernehmen.
Die SchülerInnen, die den Parcours durchlaufen haben, können weitere Stellen absichern.
Dabei ist auf absolute Ruhe zu achten.

Senso-Seil-Parcours (Teil 2) B13

Beispiel eines Parcours

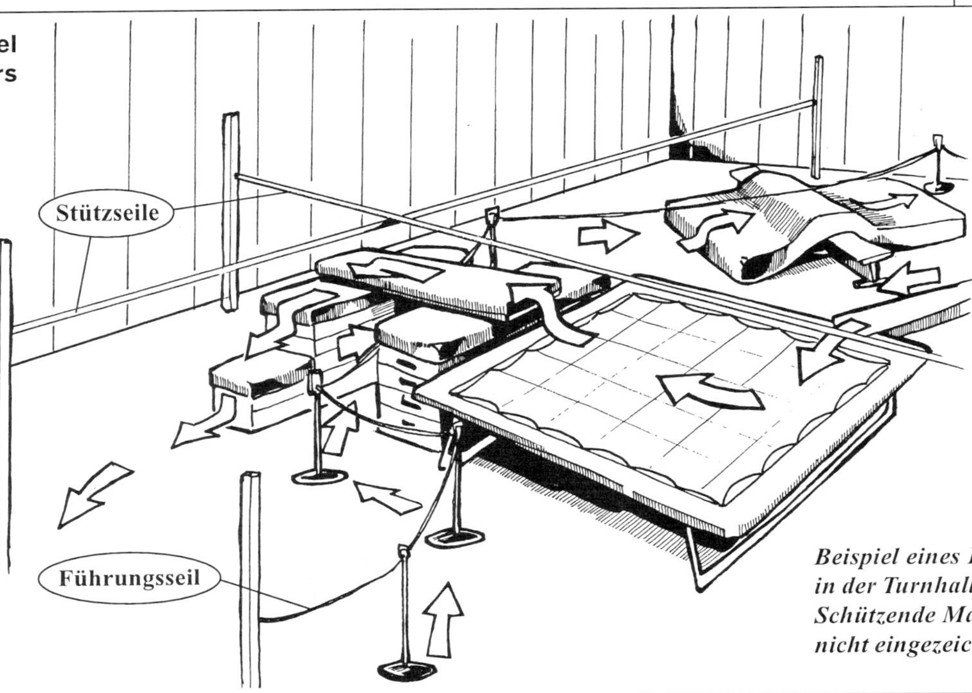

Beispiel eines Parcours in der Turnhalle. Schützende Matten sind nicht eingezeichnet.

Senso-Seil-Parcours (Teil 3) B13

Beschreibung: In einem separaten Raum (der Parcours darf nicht eingesehen werden!) bilden die SchülerInnen Paare (zufällig oder nach Neigung). Anschließend wird ihnen eine einführende Geschichte erzählt, z.B.:

„Stellt euch vor, ihr seid auf einer Urlaubsreise mit eurem Partner in Transsilvanien angekommen und besichtigt mit einer Touristengruppe eine alte verfallene Burg abseits aller Städte und Straßen. Das alte Gemäuer ist reichlich baufällig und überall mit Seilen gesichert. Der Reiseleiter führt euch durch moderige Gewölbe, über morsche Treppen und brüchige Balkone. An den Wänden haben es sich Spinnen heimisch gemacht und verdecken mit ihren Netzen so manches alte Gemälde. Auf einem könnt ihr noch schwach das Porträt des früheren Besitzers, eines gewissen Grafen Dracula, erkennen. Ihr erschaudert beim Anblick seiner stechenden Augen. Die Führung geht weiter durch verstaubte Räume zu einem dunklen Turm mit grandioser Aussicht. Ihr verweilt mit eurem Partner einen Augenblick und genießt die warmen Sonnenstrahlen der untergehenden Sonne. Plötzlich bemerkt ihr, dass die Reisegruppe offenbar ohne euch weitergegangen ist. Ihr seid alleine und wartet, dass euch der Reiseleiter holt. Doch nach ein paar Minuten seht ihr mit Schrecken die Scheinwerfer eures Reisebusses auf dem Feldweg davonfahren. Ihr seid zurückgelassen worden. Panik überkommt euch, denn ihr wisst, dass noch immer das Gerücht vom Blut saugenden Grafen und seinen armen Opfern umgeht. Sollte nur etwas Wahres daran sein, so hat in dieser Burg euer letztes Stündlein geschlagen. Noch ist Zeit, den Rückweg zu suchen. Doch in dieser mondlosen Nacht kann man noch nicht einmal die Hand vor Augen sehen: Es ist stockfinster. Ihr zwingt euch zur Ruhe und erinnert euch an das Sicherungsseil. Ihr müsstet euch nur daran zurücktasten – bis zum Ausgang. Um euch nicht zu verlieren, bindet ihr euch mit einem Stück Kordel zusammen und macht euch auf den Weg. Ihr erinnert euch an den gefährlichen Weg und hofft, dass im Notfall der eine oder andere „gute Geist" die Hand über euch halten und euch vor einem schlimmen Ende bewahren wird."

Senso-Seil-Parcours (Teil 4) B13

Beschreibung (Fortsezung): Den SchülerInnen wird nun mitgeteilt, dass sie diesen Weg zu gehen haben. Ihnen wird verdeutlicht, dass dieser Weg wirklich gefährlich ist, und dass sie ihn mit verbundenen Augen bewältigen müssen. Schlimme Unfälle seien zwar nicht zu erwarten (wegen der „guten Geister"), aber man wisse ja nie. Es wird ihnen erklärt, dass manche Seile als Stütze geeignet sind (dicke Seile), andere aber nur der Orientierung dienen.
Es wird vereinbart, dass alle 3 Minuten (die ersten Paare alle 5 Minuten) ein Paar zur Turnhalle kommen soll. Dort werden sie mit einem Seil und die Augen mit einem Tuch verbunden. Anschließend führt ein Helfer das Paar wortlos zum Startpunkt des Parcours, gibt ihm das Führungsseil in die Hand und überlässt es scheinbar seinem Schicksal.
Die PartnerInnen dürfen sich unterhalten, warnen oder Hilfen geben (nicht zu laut, um gleichzeitig gehende Paare nicht zu stören). Sie sollten sich aber absolut alleine fühlen. Daher ist für alle HelferInnen Stillschweigen vereinbart. Haben die Paare den Parcours durchlaufen, können sie weitere HelferInnen sein oder in einem separaten Raum (Aufsicht!) auf das Ende der Übung warten. Sie sollten jedoch den folgenden SchülerInnen nichts von ihren Erlebnissen berichten. Nach dem letzten Durchgang werden die Eindrücke der SchülerInnen in einer abschließenden Runde geschildert und auf die Gefühle „Angst" und „Vertrauen" besonders eingegangen.

Senso-Seil-Parcours (Teil 5)

B13

Variation: In einem Klassenraum ist eine „bescheidenere" Steckenführung möglich (Slalom um Stühle, über und unter Tische etc.).
Hierbei ist auf verstärkte Hilfestellung zu achten, da in der Regel ein stabiles Stützseil hier nicht sicher verankert werden kann.
Steht ein Waldstück zur Verfügung, so kann der Parcours zwischen Bäumen, unter tief hängenden Ästen, Abhänge hinauf und hinunter geführt werden.
Auch hier ist auf absolute Sicherheit zu achten. Die SchülerInnen müssen etwas abseits stehen, um den Parcours nicht einsehen zu können. Als einführende Geschichte empfiehlt sich z.B.:

„Himalaja-Expedition; schwieriger Aufstieg; tiefe Schluchten, Schneebrücken, Abhänge, Gratwanderung; Unwettereinbruch, tiefe Dunkelheit, eisige Kälte; sicherer Tod; Abstieg entlang des Sicherungsseiles; Yeti = „guter Geist".

Auch hier wird die Geschichte wortreich mit vielen Ausschmückungen versehen.

Hinweis: Die Vorbereitung und Durchführung dieser Übung erfordert viel Aufwand und Zeit. Sie wurde in allen Variationen mehrfach ausprobiert und hat sich immer als außerordentlich lohnend erwiesen.
Besonderes Augenmerk ist der Sicherheit zu widmen.
Alle Stellen des Parcours müssen frei von Gefahren sein.

Blinzeln

B14

Durch Augenblinzeln wird eine Partnerwahl vorgenommen, die andere verhindern können.

Gruppengröße: Klassenstärke (ungerade SchülerInnenzahl)

Material: Halb so viele Stühle wie SchülerInnen

Räumlichkeit: Klassenraum

Beschreibung: Die Hälfte der SchülerInnen sitzt auf Stühlen im Kreis, ein Stuhl bleibt leer. Hinter jedem Stuhl steht ein Mitschüler, die Hände auf dem Rücken. Der Schüler hinter dem leeren Stuhl blinzelt nun einem sitzenden Mitschüler zu. Diese versucht daraufhin aufzuspringen und sich auf den leeren Stuhl zu setzen. Gelingt ihm dies nicht, weil sein hinter ihm stehender Partner ihn durch Festhalten daran hindern kann, muss er auf seinem Platz bleiben.

Variation: Um die Stehenden und Sitzenden regelmäßig zu mischen, nimmt der Blinzelnde auf dem Stuhl Platz und der Angeblinzelte stellt sich hinter ihn.
Im Freien ist diese Übung auch mit zwei stehenden Kreisen zu spielen.

Hinweis: Der Spielleiter sollte teilnehmen, um Außenseiter besser integrieren zu können.
Das Spiel kann wegen seines Soziogrammcharakters Angst auslösen. Eine zu bedächtige Auswahl der Blinzelnden behindert den Spielfluss. Das Spiel kann sich sehr wild entwickeln – Verletzungsgefahr.

Auswertung:
- Wie eindeutig wird Kontakt aufgenommen?
- Wird ein und dieselbe Person mehrfach gewählt?
- Wie wird der Partner am Weglaufen gehindert?

Kettenfahrzeug

B15

Die SchülerInnen bewegen sich übereinander rollend durch einen Raum.

Gruppengröße: beliebig

Material: keines

Räumlichkeit: sauberer Klassenraum, Sporthalle oder Wiese

Beschreibung: Alle SchülerInnen legen sich so eng wie möglich nebeneinander auf den Bauch. Das letzte Kettenglied rollt sich nun über die vor ihm liegenden Glieder bis zum Beginn des Kettenfahrzeugs. Die Geschwindigkeit des Fahrzeugs lässt sich dadurch steigern, dass sich die Glieder möglichst schnell und in enger zeitlicher und räumlicher Folge übereinander bewegen.
Am Besten ist es natürlich, wenn über jedes unten liegende Glied gerade ein oberes Glied rollt.

Hinweis: Fährt das „Fahrzeug“ über einen Rasen, sollte man auf Bienen achten.
Brillen sind vorher besser abzulegen.
Da enger Körperkontakt gefordert ist, sollte die Gruppe keine Berührungsängste haben.

Schattenwand – Wer ist wer?

B16

Die SchülerInnen identifizieren sich anhand ihres Schattens.

Gruppengröße: beliebig

Material: Tageslichtprojektor oder sehr heller Strahler, Bettlaken, Krepp-Klebeband

Räumlichkeit: Raum, der verdunkelt werden kann.
In den Türrahmen wird ein Bettlaken als Schattenspielwand gespannt.
Dahinter dient ein Tageslichtprojektor als helle Lichtquelle.

Beschreibung: Etwa die Hälfte der Gruppe befindet sich hinter der Leinwand, die andere Hälfte befindet sich im abgedunkelten Raum.
Nacheinander treten nun die MitschülerInnen hinter die angestrahlte Leinwand und zeigen sich in verschiedenen Posen als Schattenriss.
Die andere Gruppe soll erkennen, wer sich hinter dem Schatten verbirgt.
Mogeln ist erlaubt!
Man darf seinen Gang und seine Haltung verändern.
Sind die MitschülerInnen der ersten Schattenrissrunde erraten, wird die Gruppe gewechselt. Die Ratenden werden die Schattenrisse, die Schattenrisse werden die Ratenden.

Variation: Hinter die Schattenspielleinwand tritt ein Mitschüler mit Hut oder Mütze bekleidet und wendet nur sein Profil den Ratenden zu.

Schoßsitzen

B17

Die SchülerInnen setzen sich in einer langen Schlange gegenseitig auf den Schoß

Gruppengröße: Klassengröße

Material: keines

Räumlichkeit: Klassenraum

Beschreibung: Mit geringem Abstand stellen sich alle SchülerInnen entweder hintereinander wie eine Schlange oder besser im Kreis auf.
An einer Seite beginnend – oder auch gleichzeitig – setzt sich jeder auf die Knie und Oberschenkel seines Hintermannes.
Bei einer Schlange sitzt der Letzte auf einem Stuhl.

Hinweis: Diese Übung ist einfach, aber trotzdem vergnüglich.
Sie setzt ein hohes Maß an Kooperationsbereitschaft voraus.
Erfahrungsgemäß benötigt man mehrere Anläufe bis zum Gelingen der Übung.
Als wichtig stellt sich heraus,

- dass die SchülerInnen aufeinander achten,
- dass die SchülerInnen einander helfen,
- dass sich die SchülerInnen auf ein Kommando hin setzen,
- dass sich die SchülerInnen einigen.

Maskenwand (Teil 1)

B18

Die SchülerInnen einer Klasse fertigen von ihren Gesichtern Masken an und schmücken damit ihren Klassenraum.

Gruppengröße: Klassengröße; es werden mehrere Helfer (Eltern) benötigt.

Material: Material pro Maske:
1–2 Gipsbinden (Apotheke), Vaseline, 1 Pappbogen (etwas größer als DIN A4), Schere, Wasserschale, etwas Frischhaltefolie, Haushaltskrepp zur Reinigung der Haut, Abdeckfolie
Material für die Maskenwand:
Pressspanplatten, Latten, Kaninchendraht, Tacker, Schrauben, Gips, Gipsbinden

Räumlichkeit: Klassenraum

Beschreibung: *Vorbereitungen:* Da während der Anfertigung der Masken ein großes Vertrauenspotenzial nötig ist, muss sich jeder Schüler auf seinen Partner verlassen können. Dazu sind vertrauensbildende Übungen im Vorfeld und unmittelbar vor dem Projekt „Maskenwand" nötig. Anregungen sind der Unterrichtsreihe „Wir lernen uns kennen" zu entnehmen.
Wichtig ist die Herstellung einer ruhigen Atmosphäre, in der nicht „gewitzelt" wird (ruhige Musik im Hintergrund). Das Thema „Platzangst" muss vor der Herstellung der Masken angesprochen werden. Weisen Sie darauf hin, dass unter der Maske jeder mehr oder weniger wehrlos ist, da er nicht sprechen kann. Es muss vereinbart werden, dass jeder die Anfertigung der Maske abbrechen kann, wenn er es für unbedingt nötig erachtet.
„Lustige Späße" auf Kosten einer „Maskierten" können leicht zu Angst- oder Unsicherheitsgefühlen führen und müssen deshalb in einer Verabredung ausgeschlossen werden.

Maskenwand (Teil 2) — B18

Beschreibung (Fortsetzung):

Herstellung der Masken:
Die Klasse teilt sich in Paare auf. Dabei sollte darauf geachtet werden, dass sich jeder Schüler auf seinen Partner verlassen kann.
Bei Unsicherheiten sollten Sie ausdrücklich zusagen, dass Sie oder ein Elternteil besonders auf dieses Paar achten werden.
Die SchülerInnen fertigen aus dem Pappbogen jeweils einen Rahmen für ihr Gesicht an. Dabei ist darauf zu achten, dass er möglichst dicht anliegt.
Die Paare vereinbaren Zeichen, mit deren Hilfe sie sich während der Herstellung der Maske verständigen können („Angst", „keine Luft", „Abbruch"). Sie bereiten die Materialien gemeinsam vor (Gipsbinden in Streifen scheiden, Wasser holen, Tisch abdecken).

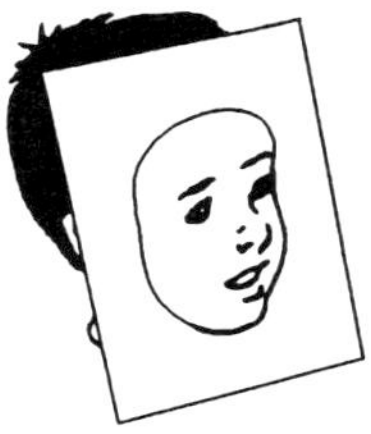

Ein Schüler legt sich dann bequem (Kopfunterlage) auf einen Tisch, legt den vorbereiteten Papprahmen an und lässt sich von seinem Partner gründlich mit Vaseline einfetten.
Besonders sorgsam sollten die Augen und Augenbrauen bedacht werden.
Jeweils ein Streifen der Gipsbinde wird anschließend in Wasser getaucht und überlappend auf das eingefettete Gesicht gelegt. Mund und Augen des „Maskierten" sind dabei geschlossen.

Die Streifen werden behutsam in Vertiefungen und Fältchen gedrückt und mit nassen Fingern glatt gestrichen – nur die Nasenlöcher werden ausgespart.
Je sorgfältiger dies geschieht, umso besser sind später die Gesichtszüge zu erkennen.
Während dieser Arbeit schildert der „Maskenbildner" dem „Maskierten", was und warum er gerade etwas macht. Dies wirkt beruhigend.
Nachdem ca. drei Lagen Gipsbinden aufgetragen sind und sorgfältig glatt gestrichen wurden, muss der „Maskierte" etwa 10 Minuten warten, bis der Gips hart geworden ist.

Maskenwand (Teil 3) — B18

Beschreibung (Fortsetzung):

Nach dieser Pause beginnt der „Maskierte" vorsichtig sein Gesicht zu verziehen und so stückchenweise die Maske vom Gesicht zu trennen.
Dabei kann es auf der Haut leicht ziehen. Der „Maskenbildner" unterstützt diese Arbeit durch vorsichtiges Anheben der Maskenränder.
Anschließend muss die Maske mehrere Stunden gut durchtrocknen.
Nun werden die Rollen getauscht und der Vorgang wiederholt sich.
Haben beide Partner ihre Masken fertig gestellt, werden sie auf der Innenseite vorsichtig mit dem Namen beschriftet (Kreppband), zum Austrocknen weggelegt und der Raum wird gemeinsam gesäubert.
Zum Abschluss bietet sich eine Nachbereitung im Sitzkreis an (siehe Auswertung).

Herstellung der Maskenwand:
Für die Herstellung der Maskenwand werden geringe Kenntnisse in der Verarbeitung mit Holz benötigt (Techniklehrer oder Väter). Da diese Arbeit nicht von der gesamten Klasse durchgeführt werden kann, bietet sich ein Nachmittagstermin mit einigen interessierten SchülerInnen zur Fertigstellung der Arbeit an.
Die Spanplatten (nicht zu dünn) werden in der gewünschten Größe zusammengesteckt (Nut und Feder) und mit einer stabilisierenden Lattung versehen. Auf der Oberseite wird Kaninchendraht möglichst plan fest getackert. Parallel dazu müssen die freien Nasenlöcher der Masken mit Gipsbindenresten sauber geschlossen werden.
Die fertigen Masken werden auf der vorbereiteten Platte angeordnet.

Maskenwand (Teil 4)

B18

Beschreibung (Fortsetzung): Es hat sich als günstig erwiesen einen Plan anzufertigen, aus dem ersichtlich ist, an welcher Stelle die SchülerInnen ihre Masken wieder finden (nicht immer sind alle SchülerInnen leicht wieder zu erkennen).
Mit Hilfe von weiteren Gipsbinden werden die Masken auf dem Kaninchendraht befestigt, Lücken mit Gips aufgefüllt und die Übergänge glatt gestrichen (etwas beigemengter Tapetenkleister verlängert die Bearbeitungszeit).
Die fertige Maskenwand wird in der Klasse mit Hilfe von kräftigen Schrauben angebracht.

Variation: Die entstandenen Masken können auch ohne die Fixierung auf einer Platte verwendet werden. Farbe, Stoffe, Federn etc. können sie verzieren oder verfremden. In dieser Form lassen sie sich als Klassenschmuck oder auch in Rollenspielen verwenden.

Hinweis: Da Sie als Klassenlehrer auch zur Klassengemeinschaft gehören, sollte auch von Ihnen eine Maske angefertigt werden. Aus Gründen der Organisation und Aufsicht ist dies jedoch nicht gleichzeitig mit den SchülerInnen möglich. Um den Zustand unter einer Gipsmaske adäquat nachvollziehen zu können, wäre eine Anfertigung im Vorfeld der Aktion sinnvoll.

Auswertung: Das Herstellen einer Gipsmaske ist für alle Beteiligten eine erlebnisreiche Aktion, die mit wenigen Leitfragen ausgewertet werden sollte:

- Wie habe ich mich gefühlt als „Maskenträger“ / als „Maskenbildner“?
- Hatte ich Angst? Warum?
- Hat das Resultat Ähnlichkeit mit mir?
- Was kann eine Maske nicht ausdrücken?

Zitronenübung

B19

Die SchülerInnen finden „ihre“ Zitrone aus vielen anderen heraus.

Gruppengröße: beliebig

Material: für jeden Schüler eine Zitrone (oder Ähnliches)

Räumlichkeit: Klassenraum

Beschreibung: Alle SchülerInnen setzen sich in einen Kreis.
Der Spielleiter teilt jedem eine Zitrone aus.
Die SchülerInnen sehen und fühlen ihre Zitrone einige Minuten an, worauf diese vom Spielleiter wieder eingesammelt, gemischt und neu ausgeteilt werden. Die Zitronen wandern nun so lange im Kreis umher, bis jeder Schüler „seine“ Zitrone wieder gefunden hat.

Variation: Da die Zitronen eine ungeahnte Verschiedenheit besitzen, ist es interessanter, die Übung ein zweites Mal – oder gleich – mit geschlossenen Augen durchzuführen.
An Stelle der Zitronen eignen sich auch Mandarinen, Apfelsinen, Äpfel, Bananen oder Birnen, die hinterher aufgegessen werden können.
Auch mit Eiern ist diese Übung durchführbar.

Hinweis: Es ist darauf zu achten, dass die SchülerInnen „ihre“ Frucht nicht markieren.

Kooperationsübungen

C

Kooperationsübungen sind keine Spiele im herkömmlichen Sinn mit SiegerInnen und VerliererInnen, sondern Übungen, die das Ziel verfolgen, Gemeinschaftsfähigkeit zu entwickeln. In unterschiedlicher Form motivieren sie die SchülerInnen, gestellte Aufgaben gemeinsam zu lösen. In der Regel gibt es keine endgültigen Lösungen. Der Prozess des „Lösung-Findens" ist die wesentliche Intention. Dies macht es erforderlich, dass entwickelte Stategien erprobt werden können. In diesem Sinne ist eine mehrmalige Wiederholung der Übungen oft sinnvoll.

Einigen Übungen mit Körperberührungen können bei manchen SchülerInnen Unbehagen auslösen. Da dies nicht immer leicht zu erkennen ist, sollten Sie als Lehrer die einzelnen Schüler genau beobachten und bei gegebenem Anlass die Problematik thematisieren und zur Lösung in die Gruppe geben. Darüber hinaus ist jeder Eingriff in den Gruppenprozess möglichst zu vermeiden.

Auflistung aller Kontaktübungen:

C1 Klassenbauwerk

C2 Tierformen reißen

C3 Sitzkreis

C4 Platz ist in der kleinsten Hütte

C5 Gewindedrehen

C6 Jurtenkreis

C7 Balljongleure

Klassenbauwerk

C1

Die SchülerInnen errichten nonverbal und nacheinander mit Bauklötzen ein Bauwerk.

Gruppengröße: Gruppen von 6 bis 15 SchülerInnenn

Material: ca. 150 Bausteine unterschiedlicher Form und Größe

Räumlichkeit: Klassenraum

Beschreibung: Die Gruppen setzen sich jeweils in einen Kreis. Jeder Schüler erhält die gleiche Anzahl von Bauklötzen (ca. 5 pro Schüler). Jeweils ein Schüler erhebt sich von seinem Platz und legt einen Bauklotz in der Kreismitte an oder türmt ihn auf. Erst wenn dieser Schüler wieder sitzt, steht der nächste auf. Während der Übung wird nicht gesprochen.

Variation: Das Bauwerk soll besonders hoch oder besonders originell werden. Eine Jury (je ein Schüler aus jeder Gruppe) bewertet.

Hinweis: Diese Übung erfordert eine intensive Nachbesprechung. Mögliche Fragestellungen sind:

- Wer bringt zuerst seine Steine unter? Wer zögert? Warum?
- Gab es Schwierigkeiten für einzelne Schüler, in dem Augenblick seine Klötze anzulegen, als er es wollten? Wenn ja, welche Gründe gab es dafür?
- Erlebten die Einzelnen sich selbst als ungeduldig, als zu sehr zögernd? Wie erlebten die anderen diese Situation?

Möglicherweise ist es sinnvoll, pro Gruppe einen Beobachter bestimmen zu lassen.

Tierformen reißen

C2

Die SchülerInnen einer Kleingruppe reißen aus Zeitungspapier einen Tierumriss.

Gruppengröße: Gruppen von je 3 bis 4 SchülerInnen

Material: Zeitungs- oder Packpapier

Räumlichkeit: Klassenraum

Beschreibung: Die Gruppen erhalten die Aufgabe, aus Zeitungspapier den Umriss eines vom Spielleiter vorher genannten Tieres zu reißen. Ein Schüler beginnt. Er reißt seinen Teil fertig und gibt dann die Zeitung an den nächsten Schüler weiter, bis alle an der Reihe waren. Ist das Tier dann noch nicht fertig gestellt, beginnt die Runde von neuem.

Variation:
- Es darf beim Spiel nicht gesprochen werden.
- Nur einzelne Worte dürfen gesprochen werden.

Hinweis: Mögliche einfache Tierformen sind z.B.:
Maus, Igel, Fisch, Katze, Hund, Pferd, Vogel, ...
Mögliche Fragestellungen für die Auswertung sind:
- Habe ich mich wohlgefühlt? Warum?
- Habe ich mich nicht wohlgefühlt? Warum nicht?
- Wer zwingt die Gruppe, seine Ideen durchzuführen?
- Gab es einen Machtkampf innerhalb der Gruppe?
- Wie konnte die Gruppe sich einigen?

Sitzkreis

C3

Eng hintereinander im Kreis stehend setzen sich die SchülerInnen auf die Oberschenkel der hinter ihnen stehenden SchülerInnen.

Gruppengröße: Gruppen von 12 bis 30 SchülerInnen

Material: keines

Räumlichkeit: Klassenraum – im Freien (gut geeignet ist eine Wiese)

Beschreibung: Die SchülerInnen stehen möglichst dicht im Kreis hintereinander. Die jeweils gleiche Schulter (z.B. rechts) zeigt nach innen. Jeder Schüler legt die Hände auf die Schultern des vor ihm stehenden Mitschülers. Auf ein Zeichen des Spielleiters hin (1, 2 und 3!) setzen sich alle SchülerInnen auf die abgewinkelten Oberschenkel der hinter ihnen stehenden MitschülerInnen.

Variation: Der Spielleiter zieht sich aus der Durchführung der Übung ganz heraus, d.h. die Gruppe muss sich selbst organisieren. Der Kreis kann sich Schritt für Schritt fortbewegen. Der Spielleiter gibt dann ein Zeichen (1, 2 und „hopp"). Bei „hopp" schieben die MitschülerInnen das rechte Bein nach vorne, bei der nächsten Aufforderung das linke.

Hinweis: Die SchülerInnen müssen darauf aufmerksam gemacht werden, dass sie Verantwortung für die vor ihnen stehenden SchülerInnen tragen. Sehr dichtes Hintereinanderstehen ist erforderlich. Mögliche Schwierigkeiten bei der Durchführung sollte die Gruppe selbstständig beheben.

Platz ist in der kleinsten Hütte

C4

Die SchülerInnen versuchen, sich auf eine möglichst kleine Fläche zu stellen.

Gruppengröße: Klassenstärke

Material: Krepp-Klebeband oder langes Seil

Räumlichkeit: Klassenraum – auch im Freien

Beschreibung: Grenzen Sie mit Klebeband oder einem Seil eine Fläche von ca. 2 m² auf dem Boden ab. Die Klasse bekommt die Aufgabe, alle SchülerInnen für mindestens 3 Sekunden auf dieser Fläche unterzubringen. Der Bereich außerhalb der Markierung darf nicht betreten werden. Anschließend wird die Fläche deutlich verkleinert und die Klasse startet einen neuen Versuch. Die zweite Fläche sollte so klein sein, dass nur etwa ein Fuß pro SchülerIn darin Platz finden kann (eher noch kleiner). Die Klasse gibt jeweils an, wann die Zeit gestoppt werden soll.

Variation: Jeder Schüler der Klasse schätzt bei der zweiten Fläche, wie viele SchülerInnen unterzubringen sind. Anschließend probiert die Klasse aus, wessen Einschätzung die richtige war. Möglich ist es auch, die Klasse die kleinstmögliche Fläche finden zu lassen, auf der sich alle SchülerInnen 5 Sekunden lang aufhalten können.

Hinweis: Mögliche Schwierigkeiten bei der Durchführung sollte die Klasse selbstständig beheben.

Auswertung: Gesichtspunkte:
- Wer war bei der Planung tonangebend? Warum?
- Wer konnte sich nicht entfalten? Warum?

Es kommt bei dieser Übung zu engen Körperkontakten, die manche SchülerInnen Schwierigkeiten machen könnten. Wie löst die Gruppe dieses Problem?

Gewindedrehen

C5

In Kleingruppen versuchen alle SchülerInnen möglichst schnell jeweils eine Mutter über einen Gewindestab zu drehen.

Gruppengröße: gleich starke Gruppen zu je ca. 6 SchülerInnen

Material: für jede Gruppe ein Gewindestab (M8), für jeden Schüler je eine dazu passende Mutter

Räumlichkeit: Klassenraum

Beschreibung: Teilen Sie an jede Gruppe je einen Gewindestab und an jeden Schüler je eine Mutter aus. Die Aufgabe besteht darin, alle Muttern nach einem Startzeichen möglichst schnell über die gesamte Länge des Gewindestabes zu drehen. Jeder Schüler muss seine Mutter selbst auf den Stab drehen und am Ende in Empfang nehmen. Alles Weitere ist der Strategie der Gruppe überlassen. Die schnellste Gruppe hat den Wettkampf gewonnen. Geben Sie der Gruppe Bedenkzeit. Sind die Gruppen mit ihren Planungen fertig, startet die Übung. Im zweiten Durchgang versuchen die Gruppen ihr Ergebnis zu verbessern. Vorher erhalten sie weitere 5 Minuten Planungszeit.

Hinweis: Mögliche Schwierigkeiten bei der Durchführung sollte die Gruppe selbstständig beheben. Vor der Durchführung sollten der Gewindestab und die Muttern auf ihre Funktionsfähigkeit überprüft werden.

Auswertung: Gesichtspunkte:
- Wer war bei der Planung tonangebend? Warum?
- Wer konnte sich nicht entfalten? Warum?

Einige SchülerInnen können Beobachterfunktion einnehmen.

Jurtenkreis

C6

Die SchülerInnen erproben im Kreis mit Handfassung und Gewichtsverlagerung die Tragfähigkeit der Gruppe.

Gruppengröße: Klassenstärke – „gerade" SchülerInnenzahl

Material: keines

Räumlichkeit: leerer Klassenraum – sonst im Freien

Beschreibung: Die SchülerInnen stehen abwechselnd mit dem Gesicht nach innen und außen im Kreis und fassen sich an den Händen. Die Füße stehen fußbreit und fest nebeneinander. Gleichzeitig lassen sich alle mit angespanntem Körper behutsam nach vorne fallen. Jeder Schüler wird dabei von den Armen und dem Gegengewicht seines Nachbarn gehalten (Zick-Zack-Linie). Auf ein Zeichen des Spielleiters hin gehen alle wieder langsam in die Ausgangsposition.

Variation: Alle lassen sich nach hinten fallen.

Hinweis: Beim ersten Mal sollte der Spielleiter das Zeichen zum Beginn geben. Wenn die Gruppe gut kooperiert, kann ein Rhythmusgefühl aus der Gruppe heraus erwachsen. Die Gruppe (nicht der Spielleiter!) sollte darauf achten, dass etwa gleich schwere Personen nebeneinander stehen. Mögliche Schwierigkeiten bei der Durchführung sollte die Gruppe selbständig beheben.

Balljongleure

C7

In Kleingruppen versuchen alle SchülerInnen, einen Luftballon möglichst lange in der Luft zu halten.

Gruppengröße: gleich starke Gruppen zu je ca. 6 SchülerInnen

Material: für jede Gruppe ein Luftballon (+ Reserveballons)

Räumlichkeit: leerer Klassenraum, Turnhalle oder im Freien

Beschreibung: Die Klasse teilt sich in Gruppen zu je 6 SchülerInnen auf. Die SchülerInnen stellen sich im Kreis auf und halten sich an den Händen. Jede Gruppe erhält einen Luftballon. Die Aufgabe besteht darin, den Ballon so lange wie möglich in der Luft zu halten. Dabei dürfen die Hände nicht losgelassen werden. Jede Berührung des Luftballons ergibt einen Punkt. Die Gruppe versucht eigene Rekorde aufzustellen und zu überbieten. Fällt der Ballon auf den Boden oder bricht die Kette auseinander, muss von vorne begonnen werden.

Variation: Nach jeder Bodenberührung verliert die Gruppe das Recht, einen bestimmten Körperteil einzusetzen: z.B. nacheinander Hände, Arme, Kopf, Schultern, Brust, Füße, Beine. Als letzte Möglichkeit verbleibt ihr schließlich, den Ballon alleine durch Pusten in der Luft zu halten. Ein Schüler gibt abwechselnd Kommandos, wie der Ballon jeweils beim nächsten Mal in der Luft zu halten ist (z.B. nur Köpfe erlaubt oder nur Knie usw.).

Hinweis: Mögliche Schwierigkeiten bei der Durchführung sollte die Gruppe selbstständig beheben.

Auswertung: Gesichtspunkte:
- Wer war bei der Übung tonangebend? Warum?
- Wer konnte sich nicht entfalten? Warum?
- Wie ging die Gruppe mit Fehlern um?

Literatur

Sucht- und Drogenprävention

- BARMER Ersatzkasse (Hg.): **Prävention von süchtigem Verhalten**, o. J.
- Bäuerle, D.: **Sucht- und Drogenprävention in der Schule**, München: Kösel-Verlag 1996
- Bildungskommission NRW (Hg.): **Zukunft der Bildung – Schule der Zukunft**, Neuwied, Kriftel, Berlin 1995
- Bundeszentrale für gesundheitliche Aufklärung (Hg.): **Info-Set „Jugend und Drogen"**, Köln 1986
- Freitag, M./Kähnert, H.: **Suchtprävention: Das Ecstasy-Projekt**, Mülheim: Verlag an der Ruhr 1998
- Hallmann, H. J.: **Klassenfahrten unter dem Aspekt schulischer Suchtprävention**, Bielefeld: Institut für Dokumentation und Information 1991
- Hallmann, H. J.: **Suchtvorbeugung in der Schule**, Münster: Landesarbeitsgemeinschaft Jugendschutz NRW 1990
- Kultusministerium des Landes NRW (Hg.): **Richtlinien und Lehrpläne für die Realschule**, Frechen: Verlagsgesellschaft Ritterbach 1994
- Ladewig, D.: **Sucht: Eine menschliche Katastrophe**, in: Furian, M. (Hg.): Ursachenorientierte Prophylaxe süchtigen Verhaltens, Heidelberg 1981
- Landesinstitut für Schule und Weiterbildung (Hg.): **Bausteine zur Sucht- und Drogenvorbeugung in der Schule**, Soest 1991
- Lions Clubs International und Quest International (Hg.): **Erwachsen werden**, 1997
- Noack, K.-A. u.a. (Hg.): **Sucht- und Drogen-Prävention**, Stuttgart: Ernst Klett Schulbuchverlag 1994
- Bilstein, E./Voigt, A.: **Ich lebe viel. Materialien zur Suchtprävention**, erw. Aufl., Mülheim: Verlag an der Ruhr 1997
- Vorsorge-Initiative (Hg.): **Was tun gegen Sucht?**, Frankfurt a. M.: Broschüre im Auftrag der Deutschen Behindertenhilfe Aktion Sorgenkind e.V. 1993

Internet

- **http://www.bzga.de/**
  Auf den Seiten der Bundeszentrale für gesundheitliche Aufklärung finden Sie viele Informationen, Medienhinweise, Adressen und Links zum Thema Suchtvorbeugung.
- **http://www.nrw.de/rgdrog.html**
  Der NRW Online-Ratgeber zur Suchtvorbeugung richtet sich vorwiegend an Eltern. Er bietet Anregungen und Informationen zu Fragen wie: Was ist Abhängigkeit? Was können Eltern tun? An wen können sich Eltern wenden?
- **http://www.fes-sucht.de/**
  Die Homepage des Fachverbandes freier Einrichtungen in der Suchtarbeit e.V. gibt Auskunft über die verschiedenen Drogenarten sowie Selbsthilfe- und Therapiemöglichkeiten.

Literatur

Klassengemeinschaft/ Soziales Lernen

- Großmann, Ch.: **Projekt: Soziales Lernen**, Mülheim: Verlag an der Ruhr 1996
- Krüsmann, G.: **Klasse 5 – offen für Selbstständigkeit**, Essen: Neue-Dt.-Schule-Verl.-Ges. 1994
- Landesinstitut für Schule und Weiterbildung (Hg.): **Auf den Einstieg kommt es an ...** Initiative zur Arbeit in den Jahrgangsstufen 5 und 6 der Hauptschule, Soest 1995
- **Team-Kleingruppen-Modell Köln-Holweide**, Frankfurt a. M.: Peter Lang 1996
- Schwäbisch, L./Siems, M.: **Anleitung zum sozialen Lernen für Paare, Gruppen und Erzieher**, Reinbeck bei Hamburg: Rowohlt TB Verlag 1974

Meditation/ Texte

- Bindels, L./Korte, R.: **Symbolgeschichten für junge Leute**, 3. Aufl., München: Don Bosco Verlag 1996
- Hoffsümmer, W.: **Starthilfen für dich**, Mainz: Matthias-Grünewald-Verlag 1978
- Schneider, M. u.a.: **Meditieren mit Kindern**, Mülheim: Verlag an der Ruhr 1994

Kooperations- und Bewegungsspiele

- Baer, U.: **666 Spiele für jede Gruppe und alle Situationen**, 2. Aufl., Seelze: Kallmeyersche Verlagsbuchhandlung 1995
- Ballreich, R./v. Grabowiecki, U. (Hg.): **Zirkus-Spielen**, Lichtenau-Scherzheim: AOL-Verlag 1993
- Döbler, E./Döbler, H.: **Kleine Spiele**, Berlin: SVB Sportverlag 1978
- Fluegelmann, A./Tembeck, S.: **New Games – Die neuen Spiele (Band 1 und 2)**, Mülheim: Verlag an der Ruhr 1991
- Frör, H.: **Spielend bei der Sache**, Gütersloh: Gütersloher Verlagshaus 1993
- Gilsdorf, R./Kistner, G.: **Kooperative Abenteuerspiele**, Seelze: Kallmeyersche Verlagsbuchhandlung 1995
- Höper, C.-J. u.a.: **Die spielende Gruppe**, 14. Aufl., München: J. Pfeiffer Verlag 1998
- LeFevre, D./Strong, T.: **New Games Fallschirmspiele**, Mülheim: Verlag an der Ruhr 1994
- Kliebisch, U.: **Kooperation und Werthaltung, Interaktionsspiele und Infos für Jugendliche**, Mülheim: Verlag an der Ruhr 1995
- Kliebisch, U.: **Kommunikation und Selbstsicherheit, Interaktionsspiele und Infos für Jugendliche**, Mülheim: Verlag an der Ruhr 1995
- Kliebisch, U./Weyer, D.: **Selbstwahrnehmung und Körpererfahrung, Interaktionsspiele und Infos für Jugendliche**, Mülheim: Verlag an der Ruhr 1996
- Kliebisch, U.: **Selbstentfaltung und Lebensplanung, Interaktionsspiele und Infos für Jugendliche**, Mülheim: Verlag an der Ruhr 1997
- Landessportbund NRW (Hg.): **Praxismappe „Spiele/Spielen"**, Duisburg 1994
- Patz, A./Patz, D.: **Kreative Ruhe-Spiele**, Ettlingen: Ettlinger Verlag 1995
- Völkening, M.: **Meine schönsten Entspannungsspiele**, Köln: AA-Verlag für Pädagogik 1997
- Völkening, M.: **Meine schönsten Gelände- und Nachtspiele**, Köln: AA-Verlag für Pädagogik 1997
- Vopel, K. W.: **Interaktionsspiele (Teil 1–5)**, 8. Aufl., Hamburg: ISKO-PRESS 1996

Verlag an der Ruhr

NICHT NUR EINE UNTERRICHTSEINHEIT

Mehr in unserem kostenlosen Gesamtkatalog.

„In Auschwitz wurde niemand vergast"
60 rechtsradikale Lügen und wie man sie widerlegt
Ab 13 J., 184 S., 16x23 cm, Pb.
ISBN 3-86072-275-1
Best.-Nr. 2275
24,80 DM/sFr/181,- öS

Arbeitsbuch:
Untergang der Titanic
Ab 12 J., 96 S., A4, Pb.
ISBN 3-86072-373-1
Best.-Nr. 2373
36,- DM/sFr/263,- öS

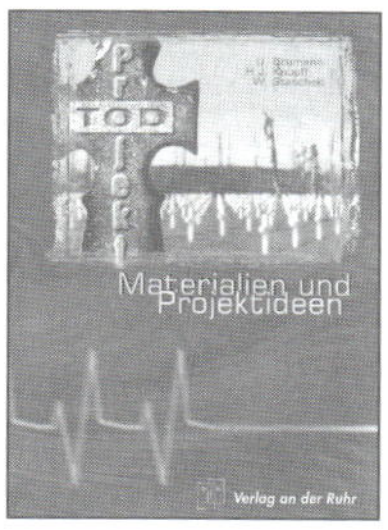

Projekt Tod
Materialien und Projektideen
Ab 13 J., 136 S., A4, Pb.
ISBN 3-86072-285-9
Best.-Nr. 2285
36,- DM/sFr/263,- öS

Informationen: beschaffen, bewerten, benutzen
Eine Trainingsmappe
Ab 12 J., 132 S., A4, Pb.
ISBN 3-86072-365-0
Best.-Nr. 2365
38,- DM/sFr/277,- öS

Europa - Lernspiele ohne Grenzen
Ab 12 J., 180 S., A4, Pb.
ISBN 3-86072-324-3
Best.-Nr. 2324
48,- DM/sFr/350,- öS

Literatur-Kartei:
„Damals war es Friedrich"
Ab 11 J., 81 S., A4, Papph.
ISBN 3-86072-124-0
Best.-Nr. 2124
36,- DM/sFr/263,- öS

Literatur-Kartei:
„Die Judenbuche"
Ab 14 J., 74 S., A4, Papph.
ISBN 3-86072-335-9
Best.-Nr. 2335
36,- DM/sFr/263,- öS

Literatur-Kartei:
„Vorstadtkrokodile"
Ab 10 J., 70 S., A4, Papph.
ISBN 3-86072-258-1
Best.-Nr. 2258
36,- DM/sFr/263,- öS

Literatur-Kartei:
„Ben liebt Anna"
Ab 10J., 75 S., A4, Papph.
ISBN 3-86072-161-5
Best.-Nr. 2161
36,- DM/sFr/263,- öS

Literatur-Kartei:
„Die Welle" und andere Bewegungen
Ab 12 J., 70 S., A4, Papph.
ISBN 3-86072-075-9
Best.-Nr. 2075
36,- DM/sFr/263,- öS

„Bleib ruhig!"
Entspannungs- und Konzentrationsübungen für Jugendliche
Ab 10 J., Set mit Buch und CD
ISBN 3-86072-328-6
Best.-Nr. 2328
38,- DM/sFr/277,- öS

Lesetraining – vom Amateur zum Profi
Techniken, Spiele, Tricks
Ab 10 J., 103 S., A4, Pb.
ISBN 3-86072-201-8
Best.-Nr. 2201
38,- DM/sFr/277,- öS

Text- und Geschichtenwerkstatt
Ab 10 J., 78 S., A4, Papph.
ISBN 3-86072-146-1
Best.-Nr. 2146
36,- DM/sFr/263,- öS

Das große Übungsbuch zur neuen Rechtschreibung
Informationen, Spiele, Übungen, Lernzirkel
OS/SEK I, 160 S., A4, Pb.
ISBN 3-86072-301-4
Best.-Nr. 2301
38,- DM/sFr/277,- öS

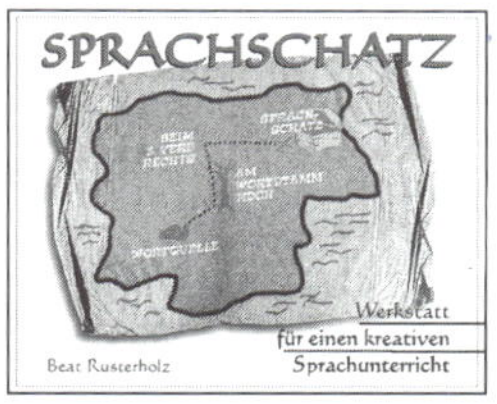

Sprachschatz
Werkstatt für einen kreativen Sprachunterricht
Ab 9 J., 103 S., A4, Papph.
ISBN 3-86072-271-9
Best.-Nr. 2271
36,- DM/sFr/263,- öS

Mathespiele für die SEK 1
Ab 11 J., 112 S., A4, Pb.
ISBN 3-86072-297-2
Best.-Nr. 2297
29,80 DM/sFr/218,- öS

Mathe auffrischen
Aufgaben zum Üben und Wiederholen
Ab 13 J., 63 S., A4, Papph.
ISBN 3-86072-287-4
Best.-Nr. 2287
28,- DM/sFr/204,- öS

Prozent- und Zinsrechnung
Aufgaben zum Üben und Wiederholen
Ab 12 J., 50 S., A4, Papph.
ISBN 3-86072-337-5
Best.-Nr. 2337
28,- DM/sFr/204,- öS

Die Mathe-Merk-Mappe Klasse 5
Ab 10 J., 104 S., A4, Pb.
ISBN 3-86072-389-8
Best.-Nr. 2389
32,- DM/sFr/234,- öS

Lernorte im Internet
Hilfreiche Adressen für Schule und Unterricht
96 S., 17,5 x 25 cm, Pb.
ISBN 3-86072-298-0
Best.-Nr. 2298
19,80 DM/sFr/145,- öS

Verlag an der Ruhr • Postfach 10 22 51 • D-45422 Mülheim an der Ruhr • Tel.: 0208/495040 • Fax: 0208/4950495 • e-mail: info@verlagruhr.de